DROEMER

Über das Buch

Das *Comfort Book* ist eine Sammlung kleiner Inseln voller Zuversicht. Es enthält Geschichten, die Mut machen, und Gedanken, die trösten – ja, die die Welt und uns selbst in neuem Licht erscheinen lassen. Matt Haigs Mischung aus Philosophie, biografischen Erfahrungen und Selbstreflexion ruht dabei auf den Schultern von Denker*innen und Überlebenden aller Epochen und reicht von Marc Aurel zu Nellie Bly, von Emily Dickinson zu Bruce Lee. Ein Buch wie der weise Rat eines guten Freundes, wie eine Mut machende Umarmung. Es zeigt, dass Hoffnung auch dort ist, wo sie zuletzt vermutet wird.

»Die Welt wird heller, wenn man Matt Haig liest.« *Johanna Adorján*

Über den Autor

Matt Haig, Jahrgang 1975, ist ein britischer Bestsellerautor. Seine eigenen Erfahrungen mit Depressionen und Angststörungen sind stets ein zentrales Thema in seinen Büchern. 2021 erschien bei Droemer sein Roman *Die Mitternachtsbibliothek* und stand monatelang auf der SPIEGEL-Bestsellerliste, 2022 folgte *Der fürsorgliche Mr. Cave.*

Matt Haig

THE COMFORT BOOK

Gedanken, die mir Hoffnung machen

Aus dem Englischen
von Hella Reese

DROEMER

Die englische Originalausgabe erschien 2021 unter dem Titel
»The Comfort Book« bei Canongate, Edinburgh.

Besuchen Sie uns im Internet:
www.droemer.de

MIX
Papier | Fördert gute Waldnutzung
FSC® C083411

Taschenbuchausgabe September 2023

Ein Imprint der Verlagsgruppe
Droemer Knaur GmbH & Co. KG
Maria-Luiko-Straße 54, 80636 München

Covergestaltung: Verlagsgruppe Droemer Knaur nach der Originalausgabe von Rafaela Romaya
Satz: Adobe InDesign im Verlag
Druck und Bindung: CPI books GmbH, Leck
ISBN 978-3-426-30286-6

Kontaktadresse nach EU-Produktsicherheitsverordnung:
produktsicherheit@droemer-knaur.de

6 8 10 9 7 5

Glauben Sie nicht, daß der, welcher Sie
zu trösten versucht, mühelos unter den
einfachen und stillen Worten lebt,
die Ihnen manchmal wohltun. [...]
Wäre es aber anders, so hätte er
jene Worte nie finden können.

Rainer Maria Rilke
Briefe an einen jungen Dichter

Ein Wort vorab

Manchmal schreibe ich etwas auf, um mich selbst zu trösten. Erkenntnisse aus schwierigen Zeiten. Gedanken. Betrachtungen. Listen. Beispielhaftes. Etwas, an das ich mich erinnern möchte. Etwas, was ich von anderen Menschen erfahren habe. Oder etwas, was ich aus dem Leben anderer Menschen gelernt habe.

Es ist ein seltsames Paradox, dass wir die deutlichsten und tröstlichsten Lektionen des Lebens erst dann lernen, wenn wir ganz unten sind. Andererseits denken wir auch erst dann besonders intensiv an Essen, wenn wir hungrig sind, und wir denken erst dann intensiv an Rettungsinseln, wenn wir über Bord gegangen sind.

Hier sind also einige meiner Rettungsinseln. Jene Gedanken, die mich über Wasser gehalten haben. Ich hoffe, dass einige davon auch dich ans rettende Ufer bringen.

Eine Anmerkung zur Struktur des Buches

Dieses Buch ist so chaotisch wie das Leben selbst.

Es besteht aus einer Menge kurzer Kapitel und einigen längeren. Es enthält Listen und Lebensweisheiten und Zitate und Erfahrungsberichte und noch mehr Listen und hier und da sogar ein Kochrezept.

Es beruht auf persönlicher Erfahrung, lässt sich aber auch immer wieder von allem Möglichen inspirieren – von Quantenphysik und Philosophie über Filme, die ich mag, bis hin zu alten Religionen und Instagram.

Wie du dieses Buch liest, liegt ganz bei dir. Du kannst vorn anfangen und es bis zum Ende durchlesen, oder du kannst hinten anfangen und am Anfang enden, oder du kannst es einfach irgendwo mittendrin aufschlagen.

Du kannst Knicke in die Seiten machen. Du kannst Seiten herausreißen. Du kannst es einer Freundin oder einem Freund leihen (vielleicht nicht gerade, wenn du Seiten herausgerissen hast). Du kannst es neben deinem Bett aufbewahren oder neben die Toilette legen. Du kannst es aus dem Fenster werfen. Alles ist erlaubt.

Zufällig hat sich allerdings doch eine Art Leitmotiv ergeben: das Verbundensein. In gewisser Weise sind wir alle Dinge. Und Dinge stehen miteinander in Verbindung. Der

Mensch mit dem Menschen. Ein Moment mit dem nächsten. Schmerz mit Freude. Verzweiflung mit Hoffnung.

In schwierigen Zeiten brauchen wir eine besonders innige Art von Trost. Etwas Elementares. Einen verlässlichen Halt. Einen Felsen, an den wir uns klammern können.

Diese Art von Trost tragen wir bereits in uns. Aber manchmal brauchen wir ein bisschen Unterstützung, um das zu erkennen.

Teil 1

Baby

Stell dir dich als Baby vor. Du betrachtest dieses Baby und denkst dir, dass nichts fehlt. Dieses Baby ist vollkommen. Sein Wert ist ihm angeboren, vom ersten Atemzug an. Sein Wert hängt nicht von äußeren Umständen ab wie Reichtum oder Aussehen oder von politischen Einstellungen oder Beliebtheit. Es ist der unschätzbare Wert eines Menschenlebens. Und dieser Wert bleibt uns, selbst wenn wir es im Laufe des Lebens gern einmal vergessen. Wir bleiben genauso lebendig und genauso menschlich wie am Tag unserer Geburt. Wir müssen einfach nur leben. Und hoffen.

Du bist das Ziel

Du musst dich nicht ständig selbst optimieren, um dich lieben zu können. Liebe verdient man nicht erst dann, wenn man ein bestimmtes Ziel erreicht hat. In unserer Welt herrscht viel Druck, aber lass dir davon nicht das Mitgefühl mit dir selbst abdrücken. Du bist liebenswert auf die Welt gekommen, und du bleibst es wert, geliebt zu werden. Gehe liebevoll mit dir um.

Nichts ist stärker als eine kleine Hoffnung,
die niemals aufgibt.

Was mein Dad zu mir sagte, als wir uns einmal im Wald verlaufen hatten

Vor langer Zeit haben mein Vater und ich uns einmal in Frankreich in einem Wald verlaufen. Ich war damals etwa zwölf oder dreizehn Jahre alt. Jedenfalls war es vor der Ära, als die meisten Menschen ein Handy besaßen. Wir machten dort Urlaub, die Art von einfachem, bürgerlichem Urlaub auf dem Land ohne Meer in der Nähe, die mir nicht so recht einleuchtete. Wir waren also im Tal der Loire und sind zum Joggen aufgebrochen. Nach einer guten halben Stunde dämmerte meinem Dad etwas: »Oh, sieht ganz danach aus, als hätten wir uns verlaufen.« Wir sind im Kreis gelaufen und haben versucht, den Pfad wiederzufinden, aber vergeblich. Mein Dad fragte zwei Männer – Wilderer – nach dem Weg, und die beiden schickten uns in die falsche Richtung. Mein Dad geriet sichtlich in Panik, obwohl er sich bemühte, es vor mir zu verheimlichen. Wir waren nun schon seit Stunden im Wald unterwegs, und uns beiden war klar, dass meine Mum sich bereits schreckliche Sorgen machte. In der Schule hatten wir gerade die biblische Geschichte von den Israeliten durchgenommen, die in der Wildnis umgekommen waren, und ich konnte mir leicht ausmalen, dass uns ein ebensolches Schicksal bevorstand. »Wenn wir einfach immer geradeaus gehen, werden wir hier wieder herauskommen«, sagte mein Dad.

Und er hatte recht. Schließlich hörten wir Autos und erreichten eine Hauptstraße. Wir waren fast achtzehn Kilometer von unserem Dorf entfernt, aber zumindest hatten wir nun Wegweiser. Wir waren nicht mehr umgeben von Bäumen. An diese Strategie muss ich oft denken, wenn ich nicht mehr weiterweiß – buchstäblich oder im übertragenen Sinn. Ich habe während eines Zusammenbruchs daran gedacht. Als ich immer wieder Panikattacken hatte, die nur von depressiven Phasen abgelöst wurden, als mein Herz vor Angst hämmerte, als ich kaum noch wusste, wer ich war, und nicht wusste, wie ich weiterleben sollte. *Wenn wir einfach immer geradeaus gehen, werden wir hier wieder herauskommen.* Einen Fuß vor den anderen zu setzen, ohne die Richtung zu ändern, wird dich weiter bringen, als im Kreis herumzurennen. Unbeirrt einfach weiterzugehen – darum geht es.

Es ist okay

Es ist okay, völlig fertig zu sein.

Es ist okay, von seinen Erlebnissen gezeichnet zu sein.

Es ist okay, ein einziges Chaos zu sein.

Es ist okay, die Teetasse mit dem Sprung zu sein. Genau die weiß nämlich eine Geschichte zu erzählen.

Es ist okay, sentimental zu sein und überspannt und bittersüße Tränen zu weinen bei Liedern und Filmen, die man eigentlich gar nicht mögen sollte.

Es ist okay, das gut zu finden, was du gut findest.

Es ist okay, etwas aus buchstäblich keinem anderen Grund zu mögen als dem, dass du es magst, und nicht etwa, weil es cool ist oder intelligent oder weil andere es mögen.

Es ist okay, dass Menschen auf dich zugehen. Du musst dich nicht so verausgaben, dass du niemandem mehr gerecht wirst. Du musst nicht immer die Person sein, die auf andere zugeht. Manchmal darfst du dir auch zugestehen, darauf zu warten, dass jemand auf dich zugeht. Die großartige Autorin Anne Lamott hat es einmal so formuliert: »Leuchttürme hasten nicht ständig über die ganze Insel, um Schiffe zu retten; sie stehen einfach da und leuchten.«

Es ist okay, nicht jeden Sekundenbruchteil bestmöglich zu nutzen.

Es ist okay, so zu sein, wie du bist.

Es ist okay.

Macht

Marc Aurel, römischer Kaiser und Stoiker, hat Folgendes erkannt: »Der Schmerz wird nicht von etwas Äußerem verursacht, sondern davon, wie du ihn bewertest; und es steht in deiner Macht, dein Urteil jederzeit zu widerrufen.«

Ich liebe dieses Zitat, weiß aber aus eigener Erfahrung, dass es bisweilen nahezu unmöglich ist, diese Macht in sich selbst zu entdecken. Wir können nicht einfach mit den Fingern schnipsen und, sagen wir mal, Kummer oder Stress bei der Arbeit oder Sorgen um unsere Gesundheit loswerden. Wenn wir uns im Wald verlaufen haben, wird unsere Angst vielleicht nicht vom Wald selbst ausgelöst oder davon, dass wir uns in besagtem Wald verlaufen haben. Doch weil wir uns tatsächlich im Wald verlaufen haben, fühlt es sich so an, an käme unsere Angst genau daher.

Es ist hilfreich, uns vor Augen zu führen, dass unsere Welt von unserer Sichtweise bestimmt wird. Die äußeren Umstände müssen sich gar nicht ändern, damit unsere Sichtweise sich ändern kann. Der Wald, in dem wir uns befinden, ist ein Wald im übertragenen Sinn. Manchmal gelingt es uns nicht, einen Ausweg zu finden, aber wenn wir unsere Sichtweise ändern, können wir auch unter den Bäumen leben.

An sich ist nichts weder gut noch schlimm

Bei einem Zusammentreffen mit seinen Kumpels von der Universität, Rosencrantz und Guildenstern, sagt Hamlet: »An sich ist nichts weder gut noch schlimm; das Denken macht es erst dazu.« Das meint er nicht im positiven Sinne.

Shakespeares Prinz ist übel gestimmt und depressiv. Und das mit Fug und Recht. Er spricht über Dänemark und darüber, dass die ganze Welt ein Gefängnis sei. Für ihn ist Dänemark tatsächlich ein Gefängnis, physisch und psychisch. Aber ihm ist auch bewusst, dass seine Sichtweise daran einen gewissen Anteil hat. Und dass weder die Welt noch Dänemark an und für sich schlimm sind. Sie sind schlimm aus seiner Sicht. Sie sind schlimm, weil er denkt, dass sie schlimm sind.

Äußere Umstände sind neutral. Sie werden erst in dem Moment als positiv oder negativ bewertet, in dem wir sie wahrnehmen. Letzten Endes liegt es an uns, wie wir auf diese Umstände reagieren.

Das ist natürlich nicht immer einfach, aber es hat etwas Tröstliches zu wissen, dass es möglich ist, jeden Umstand auf vielerlei Weise zu betrachten.

Es verleiht uns außerdem Macht, weil wir der Welt, die wir nicht im Geringsten kontrollieren können, nicht mehr auf

Gedeih und Verderb ausgeliefert sind. Ausgeliefert sind wir bloß unserem Verstand, den wir möglicherweise verändern und weiterentwickeln können, wenn wir uns anstrengen und entschlossen genug sind. Unser Verstand mag Gefängnisse errichten, aber er hält auch die Schlüssel bereit.

Veränderung findet wirklich statt

Wir haben ständig Schlüsselerlebnisse. Oder vielmehr: Die Zeit beschert uns ständig Schlüsselerlebnisse. Weil Zeit Veränderung bedeutet.

Und Veränderung ist das Wesen des Lebens. Der Grund dafür, Hoffnung zu haben.

Neuronale Plastizität ist die Art und Weise, wie sich die Struktur unseres Gehirns durch unsere Erfahrungen verändert. Niemand ist dieselbe Person wie vor zehn Jahren. Wenn wir etwas Furchtbares erleiden, ist es hilfreich, sich vor Augen zu führen, dass nichts von Dauer ist. Sichtweisen wandeln sich. Wir werden zu unterschiedlichen Versionen unserer selbst. Die schwierigste Frage, die mir je gestellt wurde, ist diese hier: »Wie kann ich für andere Menschen lebendig bleiben, wenn ich niemanden habe?« Die Antwort ist: Bleibe lebendig für die anderen Versionen deiner selbst. Für die Menschen, die du *treffen* wirst, ja, ganz bestimmt, aber auch für die Menschen, die du *sein* wirst.

Zu sein heißt loszulassen

Sich selbst zu verzeihen macht die Welt zu einer besseren Welt. Du kannst kein guter Mensch werden, wenn du glaubst, dass du ein schlechter Mensch bist.

Somewhere Over The Rainbow

Hoffnung in der Kunst oder in Geschichten oder in der Musik zu finden ist etwas Wunderbares. Oft zeigt sie sich vollkommen unerwartet, so wie in dem Film *Die Verurteilten,* als in Andys Gefängniszelle hinter dem Poster von Raquel Welch ein Tunnel in die Freiheit zum Vorschein kommt. Oder in dem Film *Meine Lieder – meine Träume,* als Baron Trapp sich vom gehemmten Witwer in einen singenden Vater verwandelt, und das alles in einer einzigen Szene.

Meist naht die Hoffnung auf leisen Sohlen, aber du spürst es, wenn sie da ist. So wie in dem Lied *Somewhere Over The Rainbow:* Bei diesen Worten springt die Melodie mühelos um eine Oktave nach oben, glatt über sieben Töne hinweg – ein echter musikalischer Regenbogen –, bevor sie auf dem achten Ton landet. Hoffnung hat immer etwas Erhebendes, das auf etwas zustrebt. Hoffnung hat Flügel. Es ist das Ding mit Federn, um mit Emily Dickinson zu sprechen.

Viele Menschen glauben, dass man nur schwerlich Hoffnung verspüren kann, wenn es einem schlecht geht. Ich neige dazu, das Gegenteil zu glauben. Auf jeden Fall sehnen wir uns in Phasen der Verzweiflung oder der Sorgen am meisten nach Hoffnung. Meiner Meinung nach ist *Somewhere Over The Rainbow* nicht zufällig eines der bittersüßesten und zugleich hoffnungsvollsten Lieder der Welt, das bei Umfragen zu den besten Songs des 20. Jahrhunderts immer wieder auf den vorderen Plätzen landet. Geschrieben wurde das Lied von Harold Arlen und Yip Harburg für den Film *Der Zauberer von Oz*, der 1939 und damit in einem der düstersten Jahre der Menschheitsgeschichte in die Kinos kam. Harold schrieb die Musik, Yip verfasste den Text. Harold und Yip kannten sich beide mit Leid aus. Yip hatte die Schrecken des Ersten Weltkriegs erlebt und später sein ganzes Geld in der Weltwirtschaftskrise verloren. Und Harold, der bekannt werden sollte für seinen hoffnungsfrohen Oktavsprung, hatte einen Zwillingsbruder gehabt, der kurz nach der Geburt gestorben war. Mit sechzehn Jahren floh Harold aus seinem orthodoxen jüdischen Elternhaus, um zeitgemäße Wege in der Musik zu gehen. Und abgesehen davon waren es zwei jüdische Musiker, die den wohl hoffnungsvollsten Song aller Zeiten geschrieben haben, während Adolf Hitler auf einen Krieg zusteuerte und der Antisemitismus auf dem Vormarsch war.

Hoffnung kann man in jeder Lebenslage verspüren. Du musst dir nur darüber im Klaren sein, dass die Situation sich ändern wird. Hoffen darf jeder von uns. Du musst nicht das leugnen, was gerade ist, um Hoffnung zu verspüren, du musst nur wissen, dass die Zukunft ungewiss ist und dass es im Leben mal hell ist und mal dunkel. Wir stehen mit beiden Beinen fest auf dem Boden, während unser Geist sich eine Oktave höher befindet, gleich über dem Regenbogen. Wir können zur Hälfte in der Gegenwart sein und zur anderen Hälfte in der Zukunft – halb in Kansas, halb in Oz.

Songs, die mich trösten – eine Playlist

(Tröstlich sind diese Songs nicht unbedingt wegen ihrer Texte, und auch sonst lässt sich nicht immer vernünftig erklären, warum ihr Trostfaktor so hoch ist. Aber jeder von ihnen tröstet mich mit dem unmittelbaren oder indirekten Zauber, der nur der Musik eigen ist. Deine Songs werden andere sein. Aber ich dachte, ich teile einige von meinen mit dir.)

O-o-h Child – The Five Stairsteps
Here Comes The Sun – The Beatles
Dear Theodosia – *Hamilton* (Soundtrack)
Don't Worry Baby – The Beach Boys
Somewhere Over The Rainbow – Judy Garland
A Change Is Gonna Come – Sam Cooke
The People – Common feat. Dwele
The Boys Of Summer – Don Henley
California – Joni Mitchell
Secret Garden – Bruce Springsteen
You Make It Easy – Air
These Dreams – Heart
True Faith – New Order
If You Leave – OMD
Ivy – Frank Ocean

Swim Good – Frank Ocean
Steppin' Out – Joe Jackson
›*Pas de deux*‹ aus: *Der Nussknacker* – Tschaikowsky (das ist natürlich kein Song, aber ein unglaublich bittersüßer Trost)
If I Could Change Your Mind – HAIM
Space Cowboy – Kacey Musgraves
Hounds Of Love – entweder von Kate Bush oder in der Version von Futureheads
Enjoy The Silence – Depeche Mode
I Won't Let You Down – Ph.D.
Just Like Heaven – The Cure
Promised Land – Joe Smooth

Der Berg

Wenn du ein Problem in den Griff bekommen möchtest, solltest du es dir genau ansehen. Du kannst erst dann einen Berg erklimmen, wenn du anerkennst, dass er da ist.

Das Tal

Wenn du niedergeschlagen bist, vergiss nicht, dass die Gedanken, die diese Gefühle in dir wachrufen, keine objektiven Tatsachen sind. Ein Beispiel: Als ich vierundzwanzig Jahre alt war, war ich davon überzeugt, meinen fünfundzwanzigsten Geburtstag nicht mehr zu erleben. Ich war mir ganz sicher, dass ich nicht noch Wochen oder gar Monate diesen seelischen Schmerz würde aushalten können, dem ich mich plötzlich ausgesetzt sah. Und doch bin ich noch da, inzwischen fünfundvierzig Jahre alt, und schreibe diesen Text. Die Depression ist eine Lügnerin. Und auch wenn meine Empfindungen sehr real waren – die Dinge, die sie mich glauben machen wollten, waren es entschieden nicht.

Weil ich nicht wirklich verstanden habe, was diese Depression ausgelöst hatte, die mich an den Rand des Selbstmords brachte, dachte ich, dass ich niemals einen Ausweg finden würde. Mir war nicht klar, dass es etwas Größeres gibt als die Depression – und das ist die Zeit. Die Zeit widerlegt die Lügen, die die Depression erzählt. Die Zeit zeigte mir, dass das, was mir die Depression vorgaukelte, Trugschlüsse waren, keine Prophezeiungen.

Das bedeutet nun nicht, dass die Zeit alle seelischen Probleme zum Verschwinden bringt. Aber es bedeutet, dass sich unsere Einstellung und unser Umgang mit unserer Psyche verändern und häufig verbessern können, wenn wir nur lang genug da bleiben, um zu einer Sichtweise zu gelangen, die Verzweiflung und Angst uns verweigern.

Im Hinblick auf die seelische Gesundheit spricht man gern von Höhen und Tiefen. Von Hügeln und Tälern. Und ein solches topografisches Bild ergibt tatsächlich einen Sinn. Steiles Gefälle und mühselige Anstiege erleben wir zweifellos in unserem Alltag. Aber denke unbedingt daran, dass man von der Talsohle aus niemals einen freien Blick hat. Und dass es manchmal reicht, einfach weiterzugehen, wenn es wieder aufwärtsgehen soll.

Die Summe

Wir sind immer mehr als der Schmerz, den wir spüren. Immer. Schmerz ist nicht allumfassend. Wenn du sagst: »Ich habe Schmerzen«, dann ist da der Schmerz, und dann ist da das Ich, und das Ich ist immer größer als der Schmerz. Denn das Ich ist auch ohne den Schmerz da, während der Schmerz nur als Produkt des Ichs da ist. Und dieses Ich wird überleben und wieder etwas anderes empfinden.

Ich habe mich ganz schön herumgeplagt, bis ich das verstanden hatte. Ich dachte immer, ich sei der Schmerz. Ich habe Depressionen nicht als etwas gesehen, was man durchmacht. Ich hielt es für etwas, was ich war. Sogar damals in Spanien, als ich dann doch nicht vom Rand einer Klippe gesprungen bin. Sogar als ich zurück nach Hause zu meinen Eltern geflogen bin und meinen Lieben gesagt habe, dass es mir schon wieder besser gehen werde. Ich habe mich selbst einen Depressiven genannt. Ich habe selten gesagt »Ich habe eine Depression« oder »Derzeit durchlebe ich eine depressive Phase«, weil ich annahm, dass die Depression die Summe all dessen war, was ich bin. Ich verwechselte den Film auf der Leinwand mit dem Kino. Ich dachte, es würde auf ewig nur ein Film laufen, in Endlosschleife. *Nightmare On Haig Street.* (Sorry, der musste sein.) Ich habe nicht begriffen, dass eines

Tages auch wieder Filme wie *Meine Lieder – meine Träume* und *Ist das Leben nicht schön?* gezeigt werden würden.

Das Problem war, dass mein Denken von Dualität geprägt war. Ich dachte, man ist entweder gesund oder krank, normal oder verrückt, und als bei mir eine Depression diagnostiziert wurde, fühlte ich mich, als wäre ich in die Verbannung geschickt worden, wie Napoleon, und als wäre mir der Rückweg in die einst vertraute Welt versperrt.

In gewisser Hinsicht hatte ich sogar recht damit. Ich bin tatsächlich nicht mehr zurückgegangen. Ich bin weitergegangen, und zwar vorwärts. Denn genau das geschieht, ob wir es nun versuchen oder nicht, wir gehen weiter, durch die Zeit, einfach nur indem wir am Leben bleiben. Und ganz allmählich wandeln sich unsere Erfahrungen. Ich habe beispielsweise in der Verzweiflung Augenblicke des Glücks und der Komik entdeckt. Ich habe begriffen, dass es nicht immer nur das eine oder das andere gibt. Manchmal ist beides da.

Und sobald wir diesen Raum in uns selbst bemerken, haben wir bereits eine neue Sicht auf die Dinge. Ja, da ist Platz für jede Menge Schmerz, aber es ist auch Platz für anderes. Und tatsächlich kann der Schmerz ein totales Arschloch sein, aber er kann uns auch ungewollt zeigen, wie viel Raum in uns ist. Er kann diesen Raum sogar noch weiten. Und uns ermöglichen, in der Zukunft entsprechend viel Freude oder Hoffnung oder Liebe oder Zufriedenheit zu erfahren.

Mit anderen Worten: Wir sollten uns der Weite in uns immer bewusst sein. Unserer eigenen Räume. Es gibt mehr als nur einen Film. Wir haben jede Menge Möglichkeiten.

Das Subjekt im Satz

Manchmal haben wir das Gefühl, dass die anderen unseren Wert anhand von Kriterien wie Einkommen und Anzahl der Follower und Gewicht und Brustumfang und dergleichen bestimmen. Denk immer daran: Wir sind mehr als das, was messbar ist. Wir sind das Leben selbst. Wir sind nicht nur die schmale Bandbreite von Gefühlen in einem einzelnen Moment. Wir sind das Gefäß, das alle möglichen Gefühle enthalten kann. Wir sind das Subjekt im Satz. Wir sind mehr als die Summe unserer Erfolge. Wir sind mehr als die Gefühle, die wir gerade durchleben. Wir sind die Unendlichkeit, die bleibt, wenn man diese Gefühle abzieht.

Für schwierige Zeiten

Es bleibt nicht so.

Du hast schon anders empfunden. Du wirst wieder anders empfinden.

Gefühle sind wie das Wetter. Sie sind in ständiger Bewegung. Wolken können so reglos wie Steine wirken. Wir betrachten sie und bemerken kaum eine Veränderung. Und doch ziehen sie immer weiter.

Am schlimmsten ist es dann, wenn du das Gefühl hast, du kannst nicht mehr. Wenn du dich so fühlst, hast du möglicherweise schon den Tiefpunkt erreicht. Jedes andere Gefühl wird besser sein als dieses.

Du bist noch hier. Und das bedeutet alles.

Wenn du am absoluten Tiefpunkt bist

Du hast schon alles Mögliche durchgestanden, und du wirst auch das hier durchstehen. Bleib hier – dem Menschen zuliebe, der du werden wirst. Du bist mehr als ein schlechter Tag oder eine schlechte Woche oder ein schlechter Monat oder ein schlechtes Jahr, sogar mehr als ein schlechtes Jahrzehnt. Du bist eine Zukunft voller Möglichkeiten. Irgendwann wirst du ein anderes Selbst sein, das rückblickend dankbar dafür ist, dass dieses verschwundene frühere Selbst durchgehalten hat. Bleib.

Der feste Boden

Das Beste am absoluten Tiefpunkt ist, dass du nun festen Boden unter den Füßen hast. Du entdeckst etwas Stabiles und Beständiges in dir. Etwas, was nicht weiter zerbrochen werden kann. Gefühlvoll könntest du dies als deine Seele bezeichnen. Wenn wir ganz unten sind, stoßen wir auf den festen Boden unserer Basis. Und wir können uns neu zusammensetzen.

Zehn Bücher, die mir geholfen haben

1. *Briefe an einen jungen Dichter* – Rainer Maria Rilke
2. *Gedichte* – Emily Dickinson
3. *Die Tagebücher* von Henry David Thoreau
4. *Wenn alles zusammenbricht* – Pema Chödrön
5. *Pu baut ein Haus* – A. A. Milne
6. *Wort für Wort* – Anne Lamott
7. *Selbstbetrachtungen* – Marc Aurel
8. *Tao Te King* – Laotse
9. *Serious Concerns* – Wendy Cope
10. *Dream Work* – Mary Oliver

Worte

Als ich an der Uni den Master-Studiengang Englische Literatur belegt hatte, fühlte ich mich durchgehend dumm. Das lag an einem bestimmten Modul: »Kritische Theorie«. Man musste eine Menge lesen: französische postmoderne und poststrukturalistische Philosophie, die selbst in englischer Übersetzung so viele schwer verständliche Sätze enthielt, die anscheinend absichtlich und scherzhaft so formuliert waren, dass ich auf jeden ungefähr eine halbe Stunde starren musste, bevor ich ihn auch nur ansatzweise ergründen konnte. Ich lernte gerade so viel, um zu wissen, dass immer eine Lücke zwischen dem Bezeichner und dem Bezeichneten klafft. Das Wort »Hund« ist kein Hund. Das Wort »Wasser« ist kein Wasser. Eine gemalte Pfeife ist keine Pfeife. Im Fernsehen gezeigtes Bildmaterial aus einem Krieg ist kein Krieg. Alles in allem wirkten diese Theorien auf mich wie eine ziemlich komplizierte und beschränkte Art, das allzu Offensichtliche zu erklären: Wir haschen immer nach der Bedeutung, ohne ihr je nahe zu kommen.

Als ich krank wurde, bekamen diese Theorien noch eine ganz andere Bedeutung. Ich fühlte mich als wandelnder Bezeichner, der eine Person bezeichnen sollte, die ich niemals wirklich sein konnte. Es klaffte eine Lücke zwischen dem, nach dem ich aussah, und dem, wie ich mich fühlte. Diese Lücke konnte ich nur dadurch überbrücken, indem ich über das, was in mir vorging, sprach und schrieb. Philosophisch betrachtet, sind Worte niemals das, was sie beschreiben, aber das macht sie zugleich so nützlich. Sie können dabei helfen, etwas Inneres nach außen zu transportieren. Sobald wir versuchen, einen Gedanken in Worte zu fassen, bringen wir ihn in eine Welt, die wir mit anderen teilen. Diese Welt nennen wir »Sprache«. Wenn wir unsere eigenen unsichtbaren Erfahrungen ans Tageslicht holen, helfen wir anderen (und sogar uns selbst), zu verstehen, was wir durchmachen. Was wir laut aussprechen, kann zwar niemals ganz erfassen, wie wir uns fühlen, aber darum geht es eigentlich auch gar nicht.

Worte erfassen nicht, sie geben frei.

Worte (zwei)

Also ja.

Worte sind wichtig.

Worte können wehtun. Worte können heilen. Worte können trösten.

Es gab eine Zeit, in der ich nicht sprechen konnte.

Es gab eine Zeit, in der meine Depression so schwer war, dass ich meine Zunge nicht dazu bringen konnte, sich zu bewegen. Eine Zeit, in der die Distanz zwischen dem geöffneten Tor meines Mundes und dem Sturm in meiner Seele zu groß zu sein schien.

Ich konnte einsilbige Wörter von mir geben. Manchmal jedenfalls.

Ich konnte nicken. Ich konnte murmeln. Aber ich klang, als spräche ich in Zeitlupe. Als wäre ich unter Wasser.

Ich war verloren.

Sprechen zu wollen hätte bedeutet, leben zu wollen. Und an diesem Tiefpunkt wollte ich weder das eine noch das andere. Ich wollte nur etwas wollen – falls das irgendeinen Sinn ergibt.

Mir fiel ein, dass wir in der Schule Maya Angelous Autobiographie *Ich weiß, warum der gefangene Vogel singt* gelesen haben. Ich erinnerte mich daran, dass sie als Kind fünf Jahre lang kein Wort mehr gesprochen hatte, nachdem sie von Mr Freeman, dem Freund ihrer Mutter, auf schreckliche Weise sexuell missbraucht worden war. Als der Mann von ihren Onkeln getötet worden war, fühlte sich die achtjährige Maya so schuldig an seinem Tod, dass sie aufhörte zu sprechen und für mehrere Jahre verstummte. Durch eine Freundin der Familie, die Lehrerin Bertha Flowers, lernte Maya die Werke großer Schriftsteller kennen. Sie las Edgar Allan Poe und Charles Dickens und Shakespeare und die Dichterinnen Georgia Douglas Johnson und Frances Harper. Ganz allmählich, durch Lesen und Lernen, fand Maya ihre Stimme wieder und ließ sie sich nie wieder nehmen. Ende der Sechzigerjahre war das einst stumme Mädchen zu einer der wichtigsten Stimmen der Bürgerrechtsbewegung geworden. Sie sprach nicht nur für sich selbst, sondern für Millionen Menschen, die Rassendiskriminierung ausgesetzt waren.

Sprache verleiht uns die Macht, unsere Erfahrungen zum Ausdruck zu bringen, uns wieder mit der Welt zu verbinden und unser Leben und das anderer Menschen zu verändern.

»Es kann keinen heftigeren Schmerz geben, als eine Geschichte mit sich herumzuschleppen«, schrieb Angelou. Schweigen ist Schmerz. Aber aus diesem Schmerz kann man aussteigen. Wenn wir nicht sprechen können, so können wir doch schreiben. Wenn wir nicht schreiben können, so können wir doch lesen. Wenn wir nicht lesen können, so können wir doch zuhören. Worte sind wie Saatkörner. Sprache ist ein Weg zurück ins Leben. Und manchmal ist der Trost, den Worte spenden, ausschlaggebend.

Die Kraft des Warum

Ich bin schon mehrfach gefragt worden, ob ich mich schlechter fühle, wenn ich über negative Erfahrungen schreibe.

Ich verstehe, warum Menschen danach fragen, aber meine Antwort lautet schlicht und ergreifend: »Nein.«

Dass dem nicht so ist, habe ich bereits vor etlichen Jahren entdeckt. Als ich sehr krank war, wirklich völlig am Boden, und kaum sprechen konnte, schrieb ich auf, was ich fühlte. An einem Tag notierte ich die Worte »unsichtbares Gewicht«. An einem anderen Tag schrieb ich: »Ich wünschte, ich könnte in meinen Kopf greifen und den Teil meines Gehirns herausholen, der dafür verantwortlich ist, dass ich mich so fühle.« Ich habe noch erheblich düsterere Dinge aufgeschrieben. Aber Düsteres zu Papier zu bringen, hat nicht dazu geführt, dass ich mich düster gefühlt habe. Um mich herum war es ja schon dunkel. Etwas aufzuschreiben hat diese innere Dunkelheit ans Tageslicht gebracht.

Heutzutage schreibe ich manchmal auf, was ich mir wünsche. Dabei muss man unbedingt aufrichtig sein. Sei schonungslos und auf fast schon beschämende Weise aufrichtig. Das ist mein Rat.

Wenn du zum Beispiel notierst: »Ich hätte gerne einen Waschbrettbauch«, könnten diese Worte auf Papier geschrieben unwillkürlich dazu führen, dass dir etwas klar wird. Vielleicht fühlt es sich albern an, diesen Wunsch zu haben. Vielleicht wird dir dadurch bereits bewusst, wie du dieses Verlangen abschwächen kannst. In jedem Fall ist es eine gute Idee, dir jetzt eine kurze Frage zu stellen: »Warum?« *Warum hätte ich gerne einen Waschbrettbauch?* Antworte ganz ehrlich darauf. »Ich möchte gern gut aussehen.« Dann frag dich wieder: »Warum?« »Für mich selbst.« Und dann kannst du eine Weile auf diese Antwort starren, und vielleicht hast du das Gefühl, dass du nicht ganz ehrlich warst. Also fügst du hinzu: »Um andere Menschen zu beeindrucken.« Und dann frag weiter, unaufhörlich, wie Sokrates: »Warum?« »Weil ich Anerkennung von ihnen haben möchte.« »Warum?« »Weil ich dazugehören möchte.« »Warum?« Und so kannst du immer weitermachen, in immer tiefere Schichten vorstoßen, durch Tunnel aus Warums, bis du das Licht der Erkenntnis erreicht hast. Und die Erkenntnis kann darin bestehen, dass der Wunsch nach einem Waschbrettbauch gar nichts mit einem Waschbrettbauch zu tun hat. Es geht gar nicht um deinen Körper. Es geht nicht einmal um Gesundheit oder Stärke oder Fitness. Es geht um etwas ganz anderes. Um etwas, was sich mit einem Waschbrettbauch gar nicht angehen oder lösen lässt.

Schreiben ist eine Art des Sehens. Eine Möglichkeit, deine Unsicherheiten deutlicher zu erkennen. Eine Möglichkeit, deine Zweifel und Träume zu beleuchten und zu begreifen, worum es eigentlich geht. Schreiben kann eine Menge Sorgen im hellen Licht der Wahrheit zum Verschwinden bringen.

Die Lücken des Lebens

Wenn du Gegenstände aus einem Raum trägst, einen nach dem anderen, passiert zweierlei. Zum einen das Offensichtliche: Du wirst einige der Gegenstände, die du herausgetragen hast, vermissen. Zum anderen wirst du die übrigen Dinge verstärkt wahrnehmen. Deine Aufmerksamkeit wird geschärft. Du wirst mit größerer Wahrscheinlichkeit die Bücher lesen, die noch in den Regalen stehen. Du wirst die Stühle, die noch da sind, mehr wertschätzen. Und wenn ein Schachbrett da ist, steigt die Wahrscheinlichkeit, dass du Schach spielst. Wenn uns etwas weggenommen wird, erscheinen uns die übrigen Sachen wertvoller. Sie sind nicht nur sichtbarer. Wir nehmen sie auch intensiver wahr. Was wir an Breite verlieren, gewinnen wir an Tiefe.

Was du nicht tun solltest

Sei nicht neidisch auf etwas, was du gar nicht wirklich haben möchtest.

Nimm dir keine Kritik von Menschen zu Herzen, die du nicht um Rat bitten würdest.

Hab keine Angst davor, eine Party zu verpassen, die du sowieso bald verlassen würdest.

Mühe dich nicht damit ab, dich anzupassen. Mach dein eigenes Ding.

Streite nicht mit Menschen, die dich sowieso nicht verstehen.

Glaube ja nicht, dass irgendjemand weiß, wo's langgeht.

Bilde dir nicht ein, dass Geld oder Erfolg oder Ruhm dich vor Schmerz schützen kann.

Denke nicht, dass ein bestimmtes Aussehen oder ein Job oder eine Beziehung Glück garantiert.

Sage nicht Ja zu Dingen, zu denen du lieber Nein sagen würdest.

Mach dich nicht fertig, falls du es doch tust.

Die Voraussetzung

Andere Menschen sind wichtig. Aber es bringt nichts, ein anderer zu werden, um Freunde zu finden. Wenn du Menschen finden willst, die dich mögen, musst du du selbst sein.

Der Rote Steinbrech

Die zählebigste Pflanze auf der ganzen Welt ist der Rote Steinbrech. Er hat Blüten mit roten Blütenblättern, so zart, dass sie jeden Moment vom Wind davongetragen zu werden drohen, und doch gedeiht die Pflanze in der Arktis. Die Blumen überleben, weil sie in Polstern ganz dicht am Boden kauern. So schützen sie sich gegenseitig vor den härtesten Bedingungen auf Erden.

Verbunden

Wir alle beeinflussen uns gegenseitig. Wir sind auf vielerlei Weise miteinander verbunden – sichtbar und unsichtbar. Was möglicherweise erklärt, warum einer der einfachsten und schnellsten Wege zum Glück darin besteht, einen anderen Menschen glücklich zu machen. Hinter der Selbstlosigkeit steckt Selbstsucht. Nichts gibt uns ein besseres Gefühl, als nicht an uns selbst zu denken.

Was ich kürzlich entdeckt habe

Ich mag Stille. Langsamkeit. Wenn nichts geschieht. Das Blau des Himmels. Frische Luft in den Lungen. Vogelgezwitscher inmitten von Verkehrsrauschen. Einsame Fußstapfen. Frühlingsblumen, die trotzig blühen. Früher dachte ich, dass ruhige Fleckchen tot wirken. Inzwischen fühlen sie sich lebendiger an. Es ist, als würde man sich über die Erde neigen und ihrem Herzschlag lauschen.

Die Birne

Es ist toll, wenn es vorwärtsgeht. Aber manchmal muss man auch einen Schlenker machen. Ich habe mich beispielsweise gerade hingesetzt und eine Birne gegessen. Ich habe keine Ahnung, was die Zukunft bringt, aber ich bin sehr dankbar, dass ich am Leben bin und auf dem Sofa lümmeln und eine Birne essen kann.

Toast

Andauernd nach dem Sinn des Lebens zu suchen, ist wie nach dem Sinn von Toastbrot zu suchen. Manchmal ist es besser, den Toast einfach zu essen.

Hummus

Kochen kann beruhigend sein. Am beruhigendsten empfinde ich persönlich das Kochen allerdings, wenn ich gar nicht wirklich kochen muss. Wenn das Rezept so einfach ist, dass man nur die Zutaten miteinander vermischen muss. Eine Art geselliges Beisammensein für Nahrungsmittel. Ein richtiger Mischmasch. Von allen Gerichten, die ich am liebsten nicht koche, steht Hummus ganz oben. Hummus ist schon an und für sich ein tröstliches Essen, was wahrscheinlich der Grund dafür ist, dass er – als er schließlich außerhalb des Nahen Ostens wahrgenommen wurde – auf der Stelle durchstartete. Keine Ahnung, was genau das Tröstliche an Hummus ist. Yotam Ottolenghi spricht von der »emotionalen Kraft« des Hummus und weiß von einem folgenschweren Wettstreit um den besten Hummus zu erzählen. Irgendwie fühlt es sich nach mehr an als nur nach Essen. Es ist der Standard-Dip. Kulinarischer Sauerstoff. Ich kann mir eine Welt ohne Hummus nicht vorstellen. Na gut, ich kann sie mir vorstellen. Aber diese Welt wäre ein wenig trister. Im Laufe der Jahre habe ich verschiedene Varianten ausprobiert, aber erst kürzlich bin ich auf mein Lieblingsrezept gestoßen.

Man braucht dafür zwei Dosen Kichererbsen, einen ordentlichen Esslöffel Tahini, Knoblauch (bei der Menge lieber erst mal auf Nummer sicher gehen), einige Schuss Olivenöl, den Saft einer Zitrone und etwas Wasser für die Konsistenz. Darüber dann großzügig Kreuzkümmel, Cayennepfeffer und Salz streuen. Alles miteinander pürieren. Kreuzkümmel und Öl darübergeben und servieren. Dazu möglichst frisches, ofenwarmes Brot. Ein Olivenbrötchen, Fladenbrot, was du magst. Zupfe ein Stückchen vom Brot ab, stippe es in den Hummus und genieße es.

Es führt immer ein Weg aus dem Wald heraus

Ich habe in meinem Leben schon viel Zeit damit verbracht, über die Hoffnung nachzudenken. In den letzten Jahren habe ich viel darüber geschrieben. Davor habe ich mich an die Hoffnung geklammert wie an eine Kuscheldecke. In meinen Zwanzigern hatte ich einen Zusammenbruch. Eine Mischung aus einer schweren Depression und einer Panikstörung, die mich so sehr hat abstürzen lassen, dass ich drei Jahre lang den verzweifelten Wunsch hatte zu sterben. Es ist schwierig, in einem Zustand derartiger Verzweiflung Hoffnung zu hegen, aber irgendwie habe ich genug davon zusammengerafft, um am Leben zu bleiben und mir vorstellen zu können, dass es besser wird.

Heute sieht es ganz danach aus, als gäbe es nicht genug Hoffnung für alle. Globale Pandemien, grausame Ungerechtigkeiten, politische Unruhen und himmelschreiende Ungleichheiten strapazieren unsere Reserven. Und doch: Hoffnung ist hartnäckig. Selbst in den unruhigsten Zeiten ist sie immer eine Option.

Hoffnung ist nicht dasselbe wie Glück. Du musst nicht glücklich sein, um hoffen zu können. Stattdessen musst du akzeptieren, dass wir nicht wissen, was uns erwartet, und dass die Zukunft besser sein könnte als die Gegenwart. In ihrer schlichtesten Form bedeutet Hoffnung, anzuerkennen, dass es immer noch eine andere Möglichkeit gibt.

Anzuerkennen, dass es einen Weg nach draußen gibt, wenn wir uns plötzlich im Wald verlaufen haben.

Wir müssen es nur wollen.

Pizza

Der Himmel ist nicht schöner, wenn du eine makellose Haut hast. Musik klingt nicht interessanter, wenn du einen Waschbrettbauch hast. Hunde sind keine bessere Gesellschaft, wenn du berühmt bist. Pizza schmeckt lecker, egal, welchen Job du hast. Das Beste am Leben befindet sich jenseits dessen, wonach wir uns sehnen sollen.

Ein kleiner Plan

Sei neugierig. Bewege dich an der frischen Luft. Geh nicht zu spät ins Bett. Achte darauf, dass du genügend trinkst. Atme in den Bauch. Iss unbeschwert. Gestalte deinen Tagesablauf so locker, dass du gut damit leben kannst. Sei freundlich. Nimm es hin, dass nicht jeder dich mag. Schätze diejenigen, die es tun. Sei offen für Neues. Gestehe dir zu, dass auch mal was in die Hose geht. Sei zufrieden mit dem, was du schon hast. Lerne, Nein zu sagen zu allem, was dem Leben im Weg steht. Und sage Ja zu allem, was dir beim Leben hilft.

Leitern

Wir bekommen immer wieder zu hören, im Leben müsse es stets aufwärtsgehen. Ohne groß darüber nachzudenken, verwenden wir das Bild einer Leiter, die wir erklimmen, wie bei der Karriereleiter. Wohneigentum verheißt sozialen Aufstieg. Wir sprechen davon, auf der obersten Sprosse einer Leiter zu stehen. Oder auf der untersten. Wir sprechen davon, eine Leiter zu erklimmen. Wir sprechen darüber, aufzusteigen. Wir sprechen über den steinigen Pfad zum Gipfel. In unseren Worten stellen wir uns damit das Leben als eine Art Wettrennen auf dem Weg nach oben vor, als wären wir menschliche Wolkenkratzer. Und damit laufen wir Gefahr, immer nur auf das zu schauen, was noch vor uns liegt: die Zukunft, oder auf das, was bereits hinter uns liegt: die Vergangenheit. Und versäumen es, den Blick über die weite Landschaft um uns herum schweifen zu lassen: die Gegenwart.

Das Dumme ist nur, dass Leitern dir keinerlei Bewegungsspielraum bieten. Nur Raum zu fallen.

Was das Leben alles nicht ist

Eine Leiter, die erklommen werden muss.

Ein Puzzle, das zusammengesetzt werden muss.

Ein Schlüssel, der gefunden werden muss.

Ein Ziel, das erreicht werden muss.

Ein Problem, das gelöst werden muss.

Das Leben …

»… wird rückwärts verstanden,
aber muss vorwärts gelebt werden.«

Søren Kierkegaard

Meine Formel für die Größe am Menschen ist amor fati:
dass man nichts anders haben will,
vorwärts nicht, rückwärts nicht, in alle Ewigkeit nicht.
Das Notwendige nicht bloß ertragen,
noch weniger verhehlen […],
sondern es lieben.

Friedrich Nietzsche

Das Kapitel

Es bringt nichts, ein Leben lang um die Liebe eines Menschen zu kämpfen, die du nicht gespürt hast, als es nötig war. Manchmal muss man eine alte Geschichte einfach auf sich beruhen lassen und eine eigene beginnen. Geh mit dir selbst liebevoll um. Die Vergangenheit kannst du nicht ändern. Auch andere Menschen kannst du nicht ändern. Dich selbst allerdings kannst du ändern. Schließlich erzählst du diese Geschichte. Also fang an, ein neues Kapitel zu schreiben.

Der Raum

Stell dir einmal vor, wie es wäre, dir selbst umfassend zu verzeihen. All die Ziele, die du nicht erreicht hast. Die Fehler, die du gemacht hast. Anstatt diese Makel in dir zu verschließen und damit zuzulassen, dass sie dich prägen und sich wiederholen, stelle dir lieber vor, wie deine Vergangenheit durch deine Gegenwart schwebt und dann hinaus durch ein geöffnetes Fenster, das frische Luft hereinlässt. Stell es dir vor.

Nein

Nein.

Nein, ich möchte das nicht.

Nein, ich möchte diesen Artikel nicht für lau schreiben.

Nein, ich werde am Dienstag nicht dabei sein.

Nein, ich möchte nichts mehr trinken.

Nein, eigentlich stimme ich dir hier nicht zu.

Nein, ich kann mich nicht immer zusammenreißen.

Nein, ich war nicht unhöflich, als ich dir nicht auf die Nachricht geantwortet habe, die ich nie bekommen habe.

Nein, ich möchte lieber nicht mit dir zusammenarbeiten.

Nein, ich werde das Niveau nicht senken.

Nein, ich kann keine Termine für Juli ausmachen.

Nein, ich möchte deinen Werbeprospekt nicht haben.

Nein, ich möchte nicht mehr weiter zuschauen.

Nein, dass ich nett bin, ist keine Schwäche.

Nein, das sind nicht die nächsten Beatles.

Nein, ich lass mir diesen Mist nicht gefallen.

Nein, dass ich ein Mann bin, heißt nicht, dass ich nicht weinen darf.

Nein, ich möchte nichts von dir kaufen.

Nein, ich schäme mich nicht dafür, Zeit für mich selbst einzuplanen.

Nein, ich komme nicht zu eurem Klassentreffen, wo ihr doch in der Schule nie mit mir gesprochen habt.

Nein, ich werde mich nicht länger dafür entschuldigen, so zu sein, wie ich bin.

Nein.

Nein ist ein gutes Wort. Es hält dich gesund. In der heutigen Zeit sind wir oft überlastet – ein Nein ist somit eigentlich ein Ja. Es ist ein Ja zu dem Raum, den du zum Leben brauchst.

Sei bescheiden, weil du aus Erde gemacht bist.
Sei edel, weil du aus Sternen gemacht bist.

Serbisches Sprichwort

Das Labyrinth

Nur selten findet man im ersten Anlauf aus einem Labyrinth wieder heraus. Und wenn wir in einem Labyrinth feststecken, kommen wir nicht heraus, indem wir den Weg nehmen, auf dem wir uns verlaufen haben. Wir finden heraus, indem wir neue Wege beschreiten. Wenn wir in eine Sackgasse geraten, sollten wir es nicht als Scheitern empfinden, sondern vielmehr dankbar sein für die neue Erkenntnis. Nun wissen wir, wo es nicht mehr weitergeht. Jede Sackgasse hilft uns dabei, aus dem Labyrinth herauszukommen. Bis man auf den richtigen Weg stößt, muss man manchmal einige falsche gegangen sein.

Das Wissen und der Wald

»Kenne deinen Feind.« Dieser jahrtausendealte Rat stammt aus dem Klassiker *Die Kunst des Krieges* des chinesischen Militärstrategen Sunzi und findet bis heute Widerhall.

Sunzis Rat ist zeitlos, weil er sich natürlich nicht nur auf die Kriegsführung anwenden lässt. Wenn wir eine Sache durchdrungen haben, seien es nun Depressionen oder körperliche Erkrankungen, der Klimawandel oder Ungerechtigkeit, können wir den Kampf dagegen aufnehmen. Ohne Verständnis für unsere Nöte hätten wir ein Problem.

So hätte ein Mensch wie du und ich, der in den Regenwald des Amazonas gerät, wahrscheinlich Mühe zu überleben, weil ihm gar nicht klar wäre, welchen Bedrohungen er ausgesetzt ist. Juliane Koepcke allerdings war ein ungewöhnliches junges Mädchen. Sie kannte sich aus.

Am Heiligen Abend 1971 wurde das Flugzeug, in dem sie saß, vom Blitz getroffen. Daraufhin fiel die Siebzehnjährige, festgeschnallt auf ihrem Sitz, irgendwo über Peru vom Himmel. Die übrigen einundneunzig Passagiere an Bord starben, darunter ihre Mutter. Juliane Koepcke aber überlebte den Sturz und konnte sich aus ihrem Sitz befreien, nachdem er durch das Blätterdach des Dschungels gefallen war.

Juliane hatte Schmerzen. Sie stand unter Schock. Ihr Schlüsselbein war gebrochen, und sie hatte tiefe Schnittwunden an den Beinen. Außerdem hatte sie Todesangst. Als sie Leichen entdeckte, fühlte sie sich »vor Panik wie gelähmt«.

Sie schnappte sich das Essbare, das sie inmitten der Trümmerteile fand, und versuchte, einen Weg zurück in die Zivilisation zu finden.

Juliane Koepcke wusste eine Menge über den Regenwald. Ihre Eltern waren beide Zoologen. Vor dem Absturz hatte sie über ein Jahr in der elterlichen Forschungsstation mitten im peruanischen Regenwald gelebt. Sie hat selbst einmal gesagt, dass, anders als viele Menschen es sich vorstellten, der Regenwald keine »grüne Hölle« sein musste, wenn man sich damit auskannte.

So wusste sie zum Beispiel, dass Schlangen sich tarnen, um wie trockene Blätter auszusehen. Sie kannte die Laute verschiedener Vögel. Sie wusste, wonach sie Ausschau halten musste, um Wasser zu finden, und gelangte schließlich an einen Bach. Von ihrem Vater hatte sie gelernt, dass man irgendwann auf Zivilisation stößt, wenn man einem fließenden Gewässer folgt.

In ihrem Buch *Als ich vom Himmel fiel* beschreibt sie, wie sie an einer Gruppe von Geiern vorbeikam, die an Kadavern fraßen. Schlangen, Moskitos und Giftspinnen waren ständige Bedrohungen. Eine ihrer Wunden war von Maden befallen. Sie litt unter der Hitze. Und dennoch: Ihr Wissen half ihr durch diese Zeit.

Sie beschloss, sich so lange wie möglich im Wasser fortzubewegen und dadurch Schlangen, Spinnen und bodennahen giftigen Urwaldpflanzen zu entgehen. Sie blieb in der Mitte des Flüsschens, um nicht auf Piranhas zu treffen, die sich hauptsächlich in seichtem Wasser aufhalten. Sie wusste auch, dass sie wahrscheinlich Alligatoren begegnen würde, aber sie wusste ebenfalls, dass diese, anders als Schlangen, Menschen eher selten angriffen.

Weiter und weiter ging sie, und ihre von Maden befallene Wunde schmerzte immer stärker. Sie hatte nichts mehr zu essen. Sie war erschöpft, fühlte sich wie in einem Traum gefangen. Doch legte sie auch eine Zielstrebigkeit an den Tag, die ihr Vater ihr vermittelt hatte: »›Wenn wir uns wirklich dazu entschlossen haben, etwas zu erreichen‹, hatte mein Vater einmal gesagt, ›dann gelingt es uns auch. Wir müssen nur wollen, Juliane.‹«

Sie hielt weiterhin Ausschau nach Pfaden im Dschungel. Als sie einen entdeckte, folgte sie ihm. Er führte zu einer verlassenen Hütte. Draußen stand ein Kanister Benzin. Man hatte ihr beigebracht, dass sich Benzin notfalls zur (wenn auch schmerzhaften) Desinfektion stark entzündeter Wunden eignet. Also goss sie Benzin über die Wunde.

Am elften Tag nach dem Absturz vernahm sie schließlich menschliche Stimmen, und die Urwaldbewohner, die sie fanden, brachten sie mit dem Boot zurück in die Zivilisation. Am Tag nach ihrer Rettung traf sie ihren Vater wieder.

Juliane Koepckes Erlebnisse wurden schließlich verfilmt. Unter der Regie von Werner Herzog entstand der Dokumentarfilm *Julianes Sturz in den Dschungel.* Herzog hätte eigentlich auch an Bord der Unglücksmaschine sein sollen. Juliane studierte später Biologie und setzte damit die Familientradition fort. Heute leitet sie die Bibliothek der Zoologischen Staatssammlung München.

Natürlich ist es relativ unwahrscheinlich, dass wir uns nach einem Flugzeugabsturz inmitten des Amazonas-Regenwalds wiederfinden. Doch wenn wir uns in den undurchdringlichen Wäldern unseres eigenen Lebens verlaufen, können wir dennoch das Gelände erkunden. Wir können uns unseren Verletzungen stellen und uns der sinnbildlichen Schlangen im Unterholz bewusst sein – und uns weder durch Unkenntnis noch Verleugnung daran hindern lassen. Unser Rüstzeug ist die Selbsterkenntnis.

Der Verstand und das Fenster

Selbsterkenntnis kann ein schwieriger Prozess sein. Du kannst deinem Verstand nicht immer trauen. Manchmal belügt er dich oder spielt dir einen Streich oder verstellt dir den Blick auf das ganze Bild. Er kann dich davon überzeugen, dass du ein furchtbarer Mensch bist.

Der Verstand ist so real als Verstand, wie ein Fenster als Fenster real ist. Das heißt allerdings nicht, dass das, was du durch das Fenster siehst, wirklich alles ist. Manchmal ist die Scheibe verschmiert oder beschlagen oder voller Regentropfen, dann wieder wird dir die Sicht von einem großen Laster verstellt, der genau davor parkt. Das Fenster kann dich auch vollkommen in die Irre führen. Wenn du zum Beispiel durch eine rötlich gefärbte Scheibe guckst, könntest du annehmen, dass die Erde rot und unwirtlich ist wie eine Wüste auf dem Mars. Sogar wenn da draußen nur saftige grüne Wiesen sind.

Ein Paradox

Ein Therapeut hat mir einmal erzählt, dass seine Patienten am häufigsten darüber klagen, das Gefühl zu haben, nicht dazuzugehören. Sie fühlen sich als Hochstapler oder Außenseiter, passen einfach nirgends dazu. Es gelingt ihnen nur schwer, mit Menschen in Kontakt zu kommen. Ich fand es ebenso beruhigend wie paradox: dass das unter Menschen meistverbreitete Gefühl das ist, nicht *zu den Menschen* zu gehören. Der Trost liegt also in der sonderbaren Tatsache, dass wir in gewisser Hinsicht dann am meisten mit den anderen gemein haben, wenn wir uns unbehaglich und allein fühlen. Einsamkeit ist universell.

Kreuzungen

Manche Entscheidungen meinen wir schnell treffen zu müssen. Tatsächlich wird das Wort »entscheidungsfreudig« oft gleichbedeutend mit »schnell« verwendet. Aber wenn wir an eine Kreuzung kommen, ist es oft besser, erst einmal innezuhalten, an der Ampel zu verweilen und einen prüfenden Blick auf die Karte zu werfen. Bewegung ist schließlich kein Fortschritt, wenn sie in die falsche Richtung geht.

Glück

Glück stellt sich ein, wenn du vergisst, wer du eigentlich sein solltest. Oder was man von dir erwartet. Glück ist ein Nebeneffekt der Selbstakzeptanz. Es ist der warme Luftzug, den du spürst, wenn du die Tür zu deinem Selbst öffnest.

Wenn sich eine Tür zum Glück schließt,
öffnet sich eine andere; aber wir starren
meist so lange die geschlossene Tür an,
dass wir die Tür, die sich für uns
geöffnet hat, gar nicht bemerken.

Helen Keller

Etwas Schönes

Mach jeden Tag etwas Schönes. Egal, wie unbedeutend. Egal, wie banal. Lies ein Gedicht. Hör dir einen deiner Lieblingssongs an. Lache zusammen mit einer Freundin oder einem Freund. Schau in den Himmel, kurz bevor die Sonne untergeht. Sieh dir einen Filmklassiker an. Iss ein Stück Zitronenkuchen. Ganz egal. Erinnere dich mit etwas Kleinem daran, dass die Welt voller Wunder steckt. Selbst wenn wir in unserem Leben an einen Punkt gekommen sind, an dem wir nichts mehr wertschätzen können, hilft es manchmal, sich vor Augen zu führen, dass auf uns etwas Schönes wartet – sobald wir bereit dafür sind.

Wachstum

In schwierigen Zeiten wachsen wir. Wachstum ist Veränderung. Wenn alles leicht ist, haben wir keinen Grund, uns zu ändern. Die schmerzhaftesten Momente in unserem Leben weiten uns. Und wenn der Schmerz geht, bleibt dieser Raum. Raum, den wir mit Leben füllen können.

Nudeln

Kein äußeres Erscheinungsbild ist es wert, auf Nudeln zu verzichten.

Du bist dein eigener Zufall

Manchmal suche ich nach einem Anhaltspunkt für den außergewöhnlichen Zufall meiner Existenz. Dann kommen mir die Generationen vor mir in den Sinn. Ich denke an meine Großmutter väterlicherseits, die in den Dreißigerjahren am Central Saint Martins College Kunst studierte. Zum Studium gehörte auch ein einjähriger Aufenthalt an einem Kunstinstitut in Wien. Dort erlebte sie 1938 die Annexion Österreichs durch Nazi-Deutschland mit. Meine Großmutter war Jüdin. Und kurz nach der Annexion – dem Anschluss – nahm man die Juden ins Visier. Man trieb sie durch die Straßen, ließ sie Wandschmierereien entfernen, demütigte sie öffentlich. Meine Großmutter kam davon. Sie erwischte den allerletzten Zug nach Frankreich, den sie – so erzählt man sich in der Familie – erst besteigen durfte, nachdem sie mit einem Nazi-Wachposten am Bahnhof geflirtet hatte. Sie war noch sehr jung. Als der Zweite Weltkrieg ausbrach, stand sie noch ganz unter dem Eindruck der Schrecken des Nationalsozialismus und beschloss, sich freiwillig als Krankenschwester zu melden. Sie verliebte sich in meinen Großvater, nachdem dieser bei den Bombenangriffen der deutschen Luftwaffe Brandverletzungen erlitten hatte.

Sie bekamen drei Kinder. Eines davon war mein Vater, der in den Sechzigerjahren das Studium an der Oxford University schmiss, um Architektur in Sheffield zu studieren. Dort traf er meine Mutter, die in Bristol die Schauspielschule abgebrochen hatte, um sich in South Yorkshire als Lehrerin ausbilden zu lassen. Meine Mutter war als Baby weggegeben worden, warum, begreift sie bis heute nicht, und wuchs bei Adoptiveltern auf einer Farm in Devon auf, Hunderte von Kilometern entfernt vom Elternhaus meines Vaters in Sussex. Ihre Wege kreuzten sich zum ersten Mal an einem Tag im Jahr 1969, im Queen's Head Pub in Sheffield.

Das ist an sich keine besonders außergewöhnliche Geschichte. Oder sagen wir mal, sie ist nicht außergewöhnlicher als vergleichbare Geschichten zur Herkunft eines Menschen. Wir gehen alle aus Zufälligkeiten hervor. Unsere Existenz basiert auf Ungewissheit. Sie ist fast schon unmöglich. Und doch sind wir da. Wenn du also das Gefühl hast, dass die ganze Welt sich gegen dich verschworen hat, dann mach dir unbedingt klar, dass sie niemals so sehr gegen dich ist, wie sie es wäre, wenn du nicht am Leben wärst. Und doch bist du da, sind wir da, leben wir.

Die Zukunft ist offen

Du musst nicht wissen, ob du zuversichtlich in die Zukunft blicken kannst. Du musst nur annehmen, dass es möglich ist. Entscheidend ist, zu akzeptieren, dass wir nichts über die Zukunft wissen und dass die Zukunft heller und lichter sein kann als die Gegenwart. Die Zukunft ist offen.

Sein, nicht tun

Du musst dich nicht in dem Versuch verausgaben, deinen eigenen Wert zu finden. Du bist schließlich kein iPhone, das jedes Jahr durch ein leistungsfähigeres Modell ersetzt werden muss. Dein Wert hängt nicht davon ab, wie leistungsfähig du bist oder ob du dich sportlich betätigst, nicht von deiner Figur oder von etwas, was du durch Untätigkeit verlierst. Wert ist nicht dadurch definiert, dass du tausend Sachen auf einmal machst. Wert ist einfach da. Er wohnt dir inne, ist angeboren. Er liegt im Sein, nicht im Tun.

Kurz

Das Leben ist kurz. Sei freundlich.

Erdnussbutter auf Toast

Du brauchst:

Zwei Scheiben Brot
Ein Glas Erdnussbutter

Und so geht's:

1. Toaste die beiden Brotscheiben.
2. Warte ein oder zwei Minuten. Dann nimm das getoastete Brot aus dem Toaster und lege es auf einen Teller.
3. Verstreiche die Erdnussbutter großzügig mit einem Messer auf einer Seite des Toasts. Streiche dabei mit dem Messer immer in dieselbe Richtung. Ich kann dir nicht sagen, warum. Es fühlt sich einfach besser an, wenn man es so macht.
4. Lass dir Zeit. Versetz dich in eine Stimmung der Dankbarkeit, während du die Erdnussbutter mit langsamen, fließenden Bewegungen verstreichst – wie beim Tai-Chi. Diesem Moment sollte die Lauterkeit eines religiösen Rituals innewohnen.
5. Stell den Teller mit den Toasts an deinen Lieblingsplatz. Setz dich hin. Sammle dich. Sei dir voll und ganz der

Tatsache bewusst, wie wundersam es ist, ein fühlendes Wesen zu sein. Und dir dessen bewusst zu sein, dass du nicht nur als Mensch am Leben bist, sondern als ein Mensch, der gleich *Erdnussbutter auf Toast* essen wird.

6. Schließe die Augen, wenn du zum ersten Mal abbeißt. Lass deine Sorgen vorüberschweben, während du diesen von Geschmack und Genuss erfüllten Moment würdigst.
7. Für den Fall, dass du Erdnussbutter nicht ausstehen kannst: Dieses Ritual der Dankbarkeit und Achtsamkeit funktioniert erwiesenermaßen auch mit Marmelade.

Wintertrost

Ich mag den Winter.

Wenn ich allerdings so darüber nachdenke, was ich eigentlich ganz besonders am Winter mag, fallen mir vor allem die Dinge ein, die mich vor dem Winter schützen.

Da sind die warmen Pullis und die Gespräche am Kamin und die Vorfreude auf Weihnachten. Deftiges Essen und heißer Kakao.

Genauso wie wir ein Glas Wasser erst dann so richtig genießen können, wenn wir vor Durst förmlich danach lechzen, so können wir auch die Behaglichkeit unseres Zuhauses erst dann so richtig genießen, wenn es dunkel ist und draußen ein eisiger Sturm tobt. Gäbe es den Winter nicht, so wüssten wir es nicht zu schätzen, in einer warmen Stube zu sitzen oder bei einem prasselnden Feuer in einer gemütlichen Kneipe.

Trost heißt für mich nicht, dass alles perfekt sein muss. Es geht vielmehr darum, Trost zu finden, obwohl das Leben alles andere als perfekt ist, gelegentlich sogar hart und grausam. Die Widerstandskraft, die wir in schwierigen Zeiten entdecken, wappnet uns für alle Jahreszeiten.

Albert Camus hat einmal geschrieben: »Mitten im tiefsten Winter habe ich endlich begriffen, dass ich einen unbesiegbaren Sommer in mir trage.«

Wir grenzen Dinge über Gegensätze voneinander ab. Licht bedeutet nichts ohne Dunkelheit. Wärme bedeutet nichts ohne Kälte. In den Wintermonaten stehen solche Gegensätze direkt nebeneinander.

Vor ein paar Jahren hatte ich das Glück, einige Wintertage im finnischen Lappland zu verbringen, nördlich des Polarkreises.

Das bedeutete Schneemobile, Rentiere und Wildnis. Am allerbesten jedoch war das Glas warmen Glöggs, mit dem wir empfangen wurden. Während ich den warmen Beerensaft schlürfte, der mit Winteraromen wie Nelke, Zimt, Kardamom und Ingwer gewürzt war, betrachtete ich durch ein riesiges Fenster schneebestäubte Kiefern im Mondlicht, gestochen scharf in der Frostluft. Auf mich wirkte dieser Anblick wie der Inbegriff des Lebens: ein Augenblick goldener Wärme inmitten der kalten nächtlichen Weite.

Der skandinavische Philosoph Søren Kierkegaard – kein Finne, sondern ein Däne – schrieb, dass uns letztlich, ob wir wollen oder nicht, Widrigkeiten trösten und zum Staunen bringen. Widrigkeiten, so seine Überzeugung, lasse die Menschen zusammenrücken. Widrigkeiten »bringen Schönheit und Eintracht in den menschlichen Beziehungen hervor, genau wie die Winterkälte Eisblumen auf die Fensterscheiben malt.«

Es ist schon lange her, aber ich erinnere mich noch gut an ein Weihnachtsfest im Haus meiner Eltern in Newark-on-Trent. Ich lehnte meinen Kopf an die Wand und war ernsthaft davon überzeugt, auf gar keinen Fall bis zum nächsten Sommer durchhalten zu können.

Diese Tage waren einfach fürchterlich. Meine innere Temperatur war auf weit unter null gefallen. Dabei ist die Sache doch die: Entweder ändert sich das Wetter oder wir ändern unsere Einstellung dazu. Heute finde ich einen sonderbaren Trost in der problematischen Witterung meines Gemüts damals. Dieser Trost liegt in dem Wissen darum, was ich alles durchstehen kann. Im Grunde genommen ist es die Widerstandskraft, die das Leben in Schönheit erklingen lässt.

Es ist der winterliche Trost, der von Schneeglöckchen und Zaubernusssträuchern ausgeht, die in klirrender Kälte blühen.

Teil 2

Leere deine Gedanken. Sei ohne feste Gestalt und Form,
so wie Wasser. Wenn man Wasser in eine Tasse füllt,
wird es zur Tasse. Füllt man es in eine Flasche,
wird es zur Flasche, füllt man es in einen Teekessel,
wird es zum Teekessel. Wasser kann fließen,
oder es kann zerstören.
Sei Wasser, mein Freund.

Bruce Lee

Der Fluss

Der *Flow* ist in aller Munde, alles soll fließen. Die Arbeit. Die Musik. Yoga. Das Leben. Wenn man gestresst ist, bekommt man gern einmal zu hören, dass man sich dem Fluss des Lebens anvertrauen solle. Aber was bedeutet das eigentlich? In Hermann Hesses Roman *Siddhartha* erkennt ein Mann, dass »der Fluss überall zugleich« ist. Tatsächlich spielen Teile des Romans an einem Fluss. Der Protagonist Siddhartha will an dem Fluss leben, der ihm zu spiritueller Erkenntnis verhilft. Die Stimmen im Fluss lehren ihn Akzeptanz und Spiritualität. Dem Selbstmord nahe fällt er in einen tiefen Schlaf. Die besänftigende Stimme des Flusses rettet ihn und lässt ihn eine bisher ungekannte Spiritualität entdecken. Später lehrt ihn der Fluss, dass Zeit eine Illusion ist und dass all seine Probleme und Seelenqualen Teil der größeren Verbundenheit alles Seins sind. Einzelne Ereignisse haben für sich genommen keine Bedeutung, sondern sind Teil eines größeren Ganzen und können auch nur als Teil des Ganzen verstanden werden. Das lehrt ihn der Fluss.

Für mich besteht der Fluss des Lebens darin, alles und jedes als Teil von etwas Größerem zu akzeptieren. Zu akzeptieren, dass jedes Wassermolekül Teil des Flusses ist. Das tröstet mich, wenn ich mich quäle oder leide.

Schmerz ist egoistisch. Er verlangt deine volle Aufmerksamkeit. Doch jeder Moment ist auch Teil eines größeren Ganzen. Jeder Moment entspricht einem Pinselstrich auf einer Leinwand – auf der zum Beispiel ein Fluss gemalt wird. Das Bild kann ziemlich schön sein, wenn wir einen Schritt zurücktreten. Ich habe Augenblicke so großen Schmerzes erlebt, dass ich wünschte, alles möge enden. Aber wenn man einen Schritt zurücktritt, bemerkt man, dass solche Augenblicke nur die Schatten sind, die das Licht stärker hervortreten lassen.

Der Damm

Lass sie fließen. All diese unausgesprochenen Gedanken. All diese unterdrückten Gefühle. All diese uneingestandenen Probleme. All diese bedrückenden Geheimnisse. All diese schmerzhaften Erinnerungen. All diese verborgenen Winkel. All diese peinlichen Wahrheiten. All diese offenen Wunden. All diese unangenehmen Gedanken. All diese schlummernden Sehnsüchte und verleugneten Wünsche. All das Wasser, das sich hinter dem Damm aufstaut. Warte nicht so lange, bis der Druck unerträglich wird. Warte nicht so lange, bis es dich sprengt. Lass einfach alles fließen.

Man kann nicht zweimal in denselben Fluss steigen.

Heraklit

Elemente der Hoffnung

Erde, Wasser, Feuer, Luft.

Alles ist miteinander verbunden.

Alles im Universum steht mit allem anderen im Universum in Beziehung.

»Man kann nicht sagen, dass A aus B gemacht wurde oder umgekehrt«, hat der Physiker Richard Feynman einmal geäußert. »Jede Masse interagiert.« Was für Materie gilt, trifft wahrscheinlich auch auf die Psychologie und unser Gefühlsleben zu. Schmerz verbindet sich im zeitlichen Verlauf mit Freude. Wenn sich in der Gegenwart ein angenehmer Moment ereignet, verbindet sich dieser mit dem Schmerz des Kummers, der nun zu einer Erinnerung wird. Aber genauso kann inmitten tiefster Verzweiflung das Wissen darum, dass es bessere Zeiten gab (oder auch nur das Wissen darum, dass bessere Zeiten *möglich* sind) helfen, da durchzukommen. Und manchmal, sogar in solchen Augenblicken der Verzweiflung, können wir Freude *mithilfe der Verzweiflung* spüren. Ich muss genau überlegen, wie ich dies in Worte fasse, weil ich nicht hundertprozentig sicher bin, dass ich es verstanden habe, aber es gab eine Freude, die ich *aus der Depression heraus* empfunden habe.

Auf keinen Fall will ich meine Depression kleinreden. Sie

war heftig und lebensbedrohlich, und ich wollte, dass sie aufhört, und hatte keine Ahnung, wann oder wie das der Fall sein würde, aber – *aber* – trotzdem – nein, *deswegen* geschah manchmal etwas Merkwürdiges: Wenn ich in jener Zeit etwas Schönes erlebte oder Erleichterung verspürte, war dies ein besonders intensiver Moment. Der Nachthimmel schien beinah zu singen vor Schönheit. Ein Kuss oder eine Umarmung waren von größerer Bedeutung als sonst. Fast so, als ob das Leben außerhalb meiner selbst die zerstörerische Kraft in mir spürte und versuchte, sie zu bekämpfen, indem sie mich staunen ließ.

Lass dir dies hier mal durch den Kopf gehen: Neben der überwiegenden Menge an Kohlenstoff, Sauerstoff und Wasserstoff enthält jeder menschliche Körper Spurenelemente wie Kupfer, Zink und Gold. Wenn wir die negativen Erfahrungen in unserem Leben analysieren könnten, würden wir ein vergleichbares Verhältnis vorfinden: Unmengen an Angst und Verzweiflung und Spurenelemente von Freude, Hoffnung, Liebe und Glück. Wenn es dunkel ist um dich, kann jedoch selbst der zarteste Lichtschimmer deine Aufmerksamkeit auf sich ziehen und dich zu deinem inneren Zuhause geleiten.

Streiche die kursiv gesetzten Wörter

Ich bin *nicht beliebt* genug.

Ich bin *nicht gut* genug.

Ich bin *nicht stark* genug.

Ich bin *nicht liebenswert* genug.

Ich bin *nicht attraktiv* genug.

Ich bin *nicht cool* genug.

Ich bin *nicht begehrenswert* genug.

Ich bin *nicht klug* genug.

Ich bin *nicht lustig* genug.

Ich bin *nicht gebildet* genug.

Ich bin *nicht akademisch* genug.

Ich bin *nicht belesen* genug.

Ich bin *nicht reich* genug.

Ich bin *nicht vornehm* genug.

Ich bin *nicht jung* genug.

Ich bin *nicht tough* genug.

Ich bin *nicht weitgereist* genug.

Ich bin *nicht talentiert* genug.

Ich bin *nicht kultiviert* genug.

Ich bin *nicht pickelfrei* genug.

Ich bin *nicht dünn* genug.

Ich bin *nicht muskulös* genug.

Ich bin *nicht bedeutend* genug.

Ich bin *nicht interessant* genug.

Ich bin *nicht wertvoll* genug.

(Ich bin genug.)

Wie man einen schlechten Tag besser machen kann

Steh auf. Wasch dich. Zieh dich an. Richte dich auf. Bewege dich. Leg dein Handy in ein anderes Zimmer. Mach einen Spaziergang. Dehne dich. Leg dich auf den Boden und strecke deine Beine an der Wand hoch. Tanke etwas Sonne, falls sie gerade scheint. Geh ins Grüne, wenn möglich. Egal, ob Garten, Park, Feld, Wiese oder Wald. Atme einige Atemzüge lang tief und langsam und bewusst. Ruf jemanden an, den du magst. Wenn du eigentlich etwas Lästiges machen solltest, es aber absolut nicht tun möchtest, lass es sein. Oder tu es jetzt gleich. Wenn du kannst, koche dir etwas Gutes und konzentriere dich ganz auf das Kochen. Kochen ist die beste Form aktiver Meditation. Vermeide künstliches blaues Licht, vor allem nach Einbruch der Dunkelheit. Lasse negative Gedanken zu – auf diese Weise ziehen sie schneller weiter. Guck etwas im Fernsehen, was du wirklich magst. Aber bevor du das tust, überlege dir, wie lange du gucken möchtest, und halte dich dann daran. Wenn die Nacht klar ist, betrachte die Sterne, genau wie Marc Aurel es vor gut zweitausend Jahren in unruhigen Zeiten getan hat. Geh vor Mitternacht ins Bett. Versuche nicht zu verbissen einzuschlafen. Erlaube deinem Geist, den Tag zu verarbeiten, und lass alle Ängste und Enttäuschungen hindurchschweben.

Der wichtigste Reichtum

1981 trieb der US-amerikanische Philosophie-Absolvent Steven Callahan sechsundsiebzig Tage lang steuerlos auf dem Atlantik. Er war auf seinem kleinen Einmaster *Napoleon Solo* unterwegs, den er selbst entworfen und gebaut hatte. Callahan wollte von Cornwall nach Antigua segeln. Als das Unglück geschah, war er seit sieben Tagen auf See.

In einer stürmischen Nacht wurde das Boot von einem Wal gerammt. Es lief rasch voll Wasser und begann zu sinken. Callahan rettete sich auf eine aufblasbare Rettungsinsel. Er konnte noch mehrere Male in sein Boot tauchen, um notwendige Dinge herauszuholen. Dazu gehörten ein paar Lebensmittel, Navigationskarten, Leuchtkugeln, eine Harpune und ein Schlafsack.

Dann trieb er immer weiter vom Boot weg. Er befand sich gut 1300 Kilometer westlich der Kanarischen Inseln, bewegte sich aber nun in entgegengesetzter Richtung. Lebensmittel und Wasser würden nur für wenige Tage reichen.

Er fischte mit der Harpune und gewann Trinkwasser mittels eines solarbetriebenen Destillators. Tage vergingen, bis er den Apparat richtig zum Laufen brachte.

Immer wieder zerschlugen sich seine Hoffnungen. Am vierzehnten Tag beispielsweise entdeckte er ein Schiff und zündete eine Leuchtrakete. Er nahm an, man habe ihn bemerkt. Aber nein. Er sah andere Schiffe, wurde aber wieder nicht bemerkt, und schon bald befand er sich südlich der Schiffsrouten. Es wurde immer heißer.

Unannehmlichkeiten gab es viele. Hunger. Durst. Hitze. Die vom Meerwasser verursachten Wunden.

Callahan berichtete, dass seine Situation ihn auch psychisch extrem gefordert habe. Und das lag nicht etwa an der fortwährenden Bedrohung durch Haie. Sondern an seinen Gedanken.

»Ich hatte viel Zeit zum Nachdenken, und ich habe jeden einzelnen meiner Fehler bedauert«, berichtete er 2012 einem Journalisten der Tageszeitung *The Guardian*. »Eine Scheidung lag hinter mir, und mir kam es so vor, als hätte ich generell in zwischenmenschlichen Beziehungen versagt, außerdem geschäftlich, und nun sogar beim Segeln. Ich wollte das hier unbedingt durchstehen, um es in Zukunft besser hinzukriegen.«

Nach fünfzig Tagen schien seine Lage hoffnungslos.

Über eine Woche war er ständig damit beschäftigt, die beschädigte Rettungsinsel mithilfe einer Pumpe über Wasser zu halten, und hatte sich völlig verausgabt. Er brach zusammen. Aber er bekam sich wieder so weit in den Griff, dass er die Rettungsinsel provisorisch flicken konnte.

Dann ging sein Destillator kaputt. Er war sich im Klaren darüber, dass er sterben würde, weil er nur noch drei Dosen mit Trinkwasser hatte. Verstand und Körper versagten ihm nach und nach den Dienst. Er hatte ein Drittel seines Körpergewichts verloren und nichts mehr zuzusetzen. Seine Leuchtraketen und Signalfeuer hatten keine Rettungsaktion ausgelöst.

»Ich spürte um mich herum sämtliche Menschen, die je auf See verloren gegangen waren.«

Irgendwann warf er die beiseitegelegten Fischinnereien zurück ins Meer. Das lockte Seevögel an, die über seiner Rettungsinsel kreisten.

Die Seevögel zogen die Aufmerksamkeit einiger Fischer aus dem Archipel Guadeloupe auf sich. Sie fanden Callahan auf seiner Rettungsinsel und brachten ihn an Land. Es war sein sechsundsiebzigster Tag auf See. In einem Krankenhaus kam er schließlich wieder zu Kräften.

Obwohl es eine fürchterliche Tortur war, die ihn fast das Leben gekostet hätte, bedauerte Callahan es nicht, diese Strapazen durchgemacht zu haben. Und sie schreckten ihn auch nicht vom Segeln ab.

In seinem Buch *Im Atlantik verschollen: Der 76-tägige Überlebenskampf eines schiffbrüchigen Seglers* schreibt er darüber, dass er der Vergangenheit nicht länger nachtrauert und wie er gelernt hat, dankbar zu sein. »Meine Zwangslage hat mir einen ungewöhnlichen Reichtum beschert, den wichtigsten überhaupt. Ich schätze jeden Moment, der frei ist von Schmerz, Verzweiflung, Hunger, Durst oder Einsamkeit.«

Noch bemerkenswerter sind seine Erinnerungen an schöne Augenblicke inmitten seines Martyriums. Der Anblick eines sternenklaren Nachthimmels flößte ihm Ehrfurcht ein. »Ein Blick in den Himmel von der Hölle aus.«

Nichts ist stärker als eine kleine Hoffnung,
die niemals aufgibt.

Nichts ist stärker als eine kleine Hoffnung,
die niemals aufgibt.

Nichts ist stärker als eine kleine Hoffnung,
die niemals aufgibt.

Lass dir alles geschehn:
Schönheit und Schrecken.
Man muss nur gehn:
Kein Gefühl ist das fernste.

Rainer Maria Rilke
Das Stundenbuch

Eine Erinnerung für schwierige Zeiten

Eines Tages wird das hier vorüber sein. Und wir werden auf eine Weise dankbar sein für das Leben, die wir zuvor nicht für möglich hielten.

Die Gelbsattel-Meerbarbe

Die Gelbsattel-Meerbarbe ist ein wunderschöner gelbgoldener Fisch in den Gewässern um Hawaii – in Größe und Verhalten der Gewöhnlichen Meerbarbe ähnlich –, Beute für größere Fressfeinde, den Menschen eingeschlossen. Unlängst ist einheimischen Tauchern immer häufiger ein eindrucksvoller und deutlich größerer Fisch von einer ebenso goldgelben Farbe aufgefallen. Sobald ein Taucher sich diesem großen Fisch näherte, stellte sich allerdings heraus, dass es gar kein großer Fisch war. Er entpuppte sich vielmehr als etwa acht normale Gelbsattel-Meerbarben. Wenn sie sich bedroht fühlen, schwimmen diese Fische dicht beieinander und formieren sich so, dass sie wie ein großer Fisch wirken. Das ist nur eines der zahllosen Beispiele dafür, wie wir Lebewesen weniger verwundbar werden, wenn wir uns zusammenschließen und als Einheit schwimmen.

Auch Menschen können sich gegenseitig retten. Jahr für Jahr zeigen der Kampf für Menschenrechte, aber auch Naturkatastrophen oder Pandemien, wie Menschen in einer Krise zusammenhalten. Menschen wenden sich an Nachbarn. Oder an Freunde. Oder an Verbündete. Wir haben einander. Zusammengehörigkeit ist ein Naturgesetz.

Regen

Du musst nicht dauernd fröhlich und zuversichtlich sein. Du musst dich nicht schuldig fühlen, weil du Angst hast oder traurig oder zornig bist. Es hört nicht auf zu regnen, nur weil du es dem Regen sagst. Manchmal musst du es einfach in Strömen regnen lassen, dich bis auf die Haut durchweichen lassen. Irgendwann wird es aufhören zu regnen. Und eines solltest du wissen: Egal, wie nass du wirst, du bist nicht der Regen. Du bist nicht die schlechten Gefühle in dir. Du bist der Mensch, der diesen Sturm durchmacht. Möglich, dass der Sturm dich umpustet. Aber du wirst wieder aufstehen. Warte es ab.

Wahrheit und Mut und Karl Heinrich Ulrichs

»Sei du selbst« – dieser Ratschlag wird auf unserem Planeten wahrscheinlich am häufigsten erteilt. Dabei ist es nicht immer leicht – oder gar möglich –, ihn zu befolgen. Stell dir vor, deine Geschlechtsidentität oder sexuelle Orientierung werden stigmatisiert oder gelten als kriminell. Stell dir zum Beispiel einmal vor, du bist ein männlicher Teenager in den Dreißigerjahren des 19. Jahrhunderts in Deutschland und bist dir ganz sicher, dass du dich ausschließlich zu Männern hingezogen fühlst. Vielleicht würdest du versuchen, deine Neigung zu verbergen oder zu unterdrücken, oder sie verleugnen. Deiner Familie würdest du sie höchstwahrscheinlich verschweigen. Tatsächlich erzählte Karl Heinrich Ulrichs seiner Familie erst 1862, als er bereits Ende dreißig war, dass er ein *Urning* sei (diesen Begriff hatte er selbst geprägt, abgeleitet von Platons *Symposion*) und sich zu Männern hingezogen fühle. Diesem ersten Schritt folgte ein weiterer, größerer. Er begann über die Notwendigkeit einer Sexualreform zu schreiben, zunächst anonym, aber schon bald publizierte er unter seinem eigenen Namen. Seine Schriften, in denen er sich für ein wissenschaftliches Verständnis der Homosexualität einsetzte, brachten ihn immer wieder in Konflikt mit dem Gesetz. Er aber schrieb weiter. Auf dem Deutschen Juristentag 1867 in München forderte er die Aufhebung der gegen Homosexuelle gerichteten Gesetze, selbst als er niedergebrüllt wurde.

Damit wurde er zu einem Vorreiter für die Rechte von Homosexuellen. Das machte Ulrichs' Leben nicht einfacher. Seine Botschaft und sein Einsatz und sogar seine Persönlichkeit stießen auf vehementen Widerstand. Seine Bücher wurden verboten und in Sachsen, Berlin sowie in ganz Preußen von der Polizei beschlagnahmt. Ulrichs ließ sich jedoch nicht beirren, und sein Kampfgeist blieb auch nicht beschränkt auf die Rechte von Homosexuellen (nachdem Hannover von Preußen annektiert worden war, wanderte er wegen Widerstands gegen die preußische Staatsgewalt ins Gefängnis). Als er später gesundheitliche Probleme bekam, ging er nach Italien. Dort erholte er sich und setzte seine Publikationstätigkeit auf eigene Kosten fort.

Die Auswirkungen seiner Arbeit sind immens. Professor Robert Beachy bezeichnete ihn als den ersten Menschen, der sich öffentlich geoutet habe. Überall in Deutschland wurden Straßen nach ihm benannt. Der Dachverband International Lesbian, Gay, Bisexual, Transgender & Intersex Law Association verleiht seit 2002 alle drei Jahre den Karl Heinrich Ulrichs Award.

Ulrichs zahlte einen hohen Preis für sein Engagement. Er hat jedoch nie bereut, er selbst geblieben zu sein. Er brauchte keine nachträgliche Bestätigung, um sicher zu sein, dass er das Richtige getan hatte, indem er für Menschen eingetreten war, die an den Rand gedrängt und bestraft wurden, einfach weil sie sie selbst waren. Gegen Ende seines Lebens schrieb er: »Bis an meinen Tod werde ich es mir zum Ruhme anrechnen, daß ich am 29. August 1867 zu München in mir den Muth fand, Aug' in Auge entgegenzutreten einer tausendjährigen, vieltausendköpfigen, wuthblickenden Hydra, welche mich und meine Naturgenossen wahrlich nur zu lange schon, mit Gift und Geifer bespritzt hat, viele zum Selbstmord trieb, ihr Lebensglück allen vergiftete. Ja, ich bin stolz, daß ich die Kraft fand, der Hydra der öffentlichen Verachtung einen ersten Lanzenstoß in die Weichen zu versetzen.«

Eines sollten wir uns unbedingt vor Augen führen: Auch in unserem Jahrhundert gibt es immer noch Menschen, die ihnen unverständliche Identitäten und Überzeugungen stigmatisieren und kriminalisieren. Aber es gibt auch Menschen wie Karl Heinrich Ulrichs, die sich widersetzen und sie selbst bleiben, ungeachtet der Opfer, die sie dafür erbringen müssen. Und das ist ein großartiges Beispiel – ja sogar ein großer Trost – für alle Menschen, die sich jemals stigmatisiert oder an den Rand gedrängt gefühlt haben oder erleben mussten, dass die eigene Wahrheit im Widerspruch zu der ihrer Epoche steht.

Nichts verpassen

Die sozialen Medien sind wie eine Galerie fremder Leben, die du alle nicht lebst. Sie zeigen Diäten, die du nicht machst. Partys, auf denen du nicht bist. Urlaube, die du nicht verbringst. Spaß, den du nicht hast. Mach doch mal eine Pause und durchsuche stattdessen dein eigenes Leben. Halte Ausschau nach Gründen, dafür dankbar zu sein, dass du du bist. Hab keine Angst, etwas zu verpassen. Wichtig ist nur, dass du dich nicht selbst verpasst.

Der Strom

Obwohl ich weitestgehend von der Depression genesen bin, ist sie niemals weit entfernt – als befände sie sich hinter einer Tür, die immer einen Spalt weit offen steht. Manchmal spüre ich sie, ganz leicht, wie einen Hauch. Sie ist dort, ohne Zweifel. Unsichtbar, aber spürbar.

Inzwischen habe ich akzeptiert, dass es so ist, aber es hat eine Weile gedauert. Früher habe ich an die Dualität von Kranksein und Wohlbefinden geglaubt: Entweder man ist krank oder man ist gesund. Das war gefährlich. Jedes Mal, wenn ich mich ein ganz kleines bisschen schlecht fühlte, war ich sofort zutiefst verängstigt und dachte, dass ich wieder so richtig krank werden würde. Daraus wurde eine sich selbst erfüllende Prophezeiung. Ich wurde krank, weil ich glaubte, krank zu sein.

Mit der Gesundheit als solcher, vor allem mit der seelischen, ist es so eine Sache. Es gibt nicht nur das eine oder das andere. Wir haben tausend Etiketten für leichte bis schwere Leiden. Aber die Wirklichkeit ist nun mal kein Einmachglas, auf das wir ein Etikett kleben können und wissen: Das befindet sich darin, und das wird auch so bleiben.

Genauso wenig ist seelische Gesundheit etwas, was wir ein für alle Mal aufräumen könnten. Wir müssen uns vielmehr ständig um sie kümmern, wie um einen Garten, der gehegt werden muss, und zwar unser Leben lang.

Diese Tatsache zu akzeptieren, ist unbehaglich und tröstlich zugleich. Unbehaglich, weil wir hinnehmen müssen, dass ungute Gefühle und Erinnerungen zurückkommen können. Und tröstlich, weil wir wissen, dass wir darauf vorbereitet sind und sie als das annehmen, was sie sind: vergänglich und veränderlich.

Wir können gegen den Strom des Lebens schwimmen und andauernd Widerstand spüren. Oder wir lassen unseren Gedanken freien Lauf und werden zu einem ungebändigten Fluss ins Ungewisse.

Das gute Traurigsein

Bist du jemals auf eine zarte Weise traurig, die sich fast schon gut anfühlt? Wie die Sehnsucht nach einer verlorenen Vergangenheit oder einer gestohlenen Zukunft. Eine melancholische Sehnsucht, die dich aber auch daran erinnert, dass das Leben so etwas Wärmendes hervorbringen kann? Und dass es dir widerfahren ist?

(Ich schon.)

Der weiße Hai und Nietzsche und Tod und Leben

Wir leben, und dann hören wir auf zu leben. Diese Tatsache beängstigend zu finden, ist völlig okay. Tatsächlich könnte diese Angst aber auch ganz nützlich sein. Der Sozialanthropologe Ernest Becker schrieb: »Voll und ganz leben kann man nur, wenn man sich des grollenden Schreckens bewusst ist, der allem zugrunde liegt.« Angst ist nichts, wofür man sich schämen müsste. Dabei ist die Angst vor dem Tod nur eine weitere Angst vor etwas, was in der Zukunft liegt, eine weitere Angst vor dem nicht Fassbaren, das uns aus der Gegenwart reißt. Auf diese Angst reagieren können wir hier und jetzt, und zwar ganz konkret.

Wenn ich mitten in einem Zusammenbruch steckte, herrschte Gleichstand zwischen meiner Angst vor dem Leben und meiner Angst vor dem Tod. Ich hatte Angst vor der Qual des Lebens, und ich hatte Angst vor der Auslöschung durch den Tod. Es mag paradox klingen, aber niemals war meine Angst vor dem Tod größer als in den Momenten, in denen ich akut suizidgefährdet war. Beide Ängste schienen untrennbar miteinander verbunden zu sein. Sie waren gegensätzlich – und auch wieder nicht. Angst wird durch Ungewissheit verstärkt, und sobald man sich für etwas entscheidet, verschwindet die quälende Ungewissheit, und die Angst wird beherrschbar. Es ist wirklich zu dumm. Ich wollte sterben, weil ich nicht sterben wollte.

Es kommt mir so vor, als würde die Angst vor dem Tod – wie jede Angst – größer, wenn wir nicht darüber sprechen und sie dadurch sichtbar machen. Ängste werden größer, wenn wir sie nicht als solche erkennen. Zu Unrecht fürchten sich Menschen vor dem weißen Hai, einzig wegen des gleichnamigen Films. Interessant ist an diesem Blockbuster unter anderem, dass wir den Hai erst nach einer Stunde und einundzwanzig Minuten zu Gesicht bekommen, also weit nach der Hälfte des Films. Dafür gibt es eine Reihe langweiliger praktischer Gründe – hauptsächlich weil der mechanische Hai während der Dreharbeiten nur selten funktionierte –, aber das torpediert das Argument keinesfalls: Der Hai ist gruseliger, wenn man ihn nicht sieht.

Ich würde sagen, dasselbe gilt auch für den Tod. Weit mehr als Sex ist der Tod für viele Menschen ein unangenehmes Thema, mit dem sie sich nur widerstrebend auseinandersetzen, vor allem in den modernen westlichen Gesellschaften. Dabei liegt der Tod vielen unserer größten Sorgen zugrunde.

Der Tod ist Teil des Lebens. Er *begrenzt* das Leben. Der Tod erhöht den Wert unserer Zeit auf Erden und den Wert der Menschen, mit denen wir diese Zeit verbringen. Die Stille am Ende des Liedes ist so wichtig wie das Lied selbst.

Oder um mit Nietzsche zu sprechen: »Das Ende der Melodie ist nicht deren Ziel; aber trotzdem: hat die Melodie ihr Ende nicht erreicht, so hat sie auch ihr Ziel nicht erreicht.«

Unter Wasser

Wir sind da, wo wir sein müssen. Wir haben niemals in der Vergangenheit gelebt. Es gibt keine Vergangenheit. Es gibt keine Zukunft. Es gibt nur eine Abfolge von Gegenwarten. Eine nach der anderen. Und obwohl uns unzählige Meditationen und Online-Tutorials beibringen wollen, »in der Gegenwart zu leben«, tun wir genau dies ohnehin schon. Wir leben immer in der Gegenwart. »Das Für immer besteht aus vielen Jetzt«, ließ Emily Dickinson uns wissen. Wir müssen uns also nicht bemühen, im Jetzt zu sein. Wenn wir uns unsere Zukunft vorstellen oder der Vergangenheit nachtrauern, sind wir weder in der Zukunft noch in der Vergangenheit – wir leben in der Gegenwart und ausschließlich in der Gegenwart, weil wir die Mittel und die Struktur der Gegenwart brauchen, um zu träumen oder uns zu erinnern. Es ist immer heute. Das gilt auch für gestern und morgen.

Aber natürlich meinen wir eigentlich etwas anderes, wenn wir davon sprechen, in der Gegenwart zu leben. Wir fragen uns, wie wir die Gegenwart frei von Sorgen verbringen können. Wie wir so leben können, wie es unserer Vorstellung nach anderen Lebewesen gelingt: ohne sich über die Zukunft den Kopf zu zerbrechen, ohne durch Instagram zu scrollen, bis uns der Daumen abfällt. Einfach zu *leben*. Sich in »jede

Welle zu werfen« und die »Ewigkeit in jedem Moment zu finden«, wie Henry David Thoreau sich ausdrückte.

Obwohl dies, ganz ehrlich, etwas strapaziös klingt und vielleicht auch ein wenig unpraktisch. Es gibt da diese Momente, die einfach ein kleines bisschen mittelmäßig und unbedeutend sind. Der Druck, ganz intensiv in jedem einzelnen Moment zu leben, kann auch dazu führen, dass das Risiko des Scheiterns noch größer wird.

Für mich besteht die Ironie darin, dass ich der Ewigkeit niemals näher gekommen bin als in den Momenten meiner Depression, in denen ich an Selbstmord dachte. Dann war ich mir in kaum erträglicher Weise bewusst, im Moment zu sein. Und jeder Moment fühlte sich ewig an. Ein Tag war wie ein ganzes Leben. Die Wellen der Zeit, in die ich geworfen worden war, drohten mich zu ertränken. Ich war unter Wasser und bekam keine Luft mehr.

Ich hätte alles dafür gegeben, nicht im Moment zu sein. Mir dieses Moments nicht bewusst zu sein. Nicht Achtsamkeit zu erlangen, sondern völlige Unbekümmertheit. Auf der Überholspur in eine bessere Zukunft zu rasen oder zurück in die Vergangenheit zu trampen.

»Im Moment zu sein« reicht mir nicht als Ziel. Ich möchte sicher sein, dass dieses Im-Moment-Sein mich nicht umbringt.

Viele von uns – auch ich – schaffen es nicht, in der Gegenwart zu leben, weil sie erst Dinge fertig machen müssen. Wir können uns nicht einfach im Sein aalen, weil es noch so viel Unerledigtes gibt. All diese unbeantworteten E-Mails und unbezahlten Rechnungen und unerreichten Ziele. Wie können wir einfach *sein,* wenn es noch so viel zu *tun* gibt?

Am allerschwersten ist es, sich nicht von seinen unerfüllten Träumen quälen zu lassen. Damit zurechtzukommen, dass sich nicht alles erfüllt, und dies als Teil des Menschseins zu akzeptieren. Vollkommen zu sein in unserer Unvollkommenheit. Frei zu sein von den Fesseln der Erinnerung, des Ehrgeizes, frei zu sein von Vergleichen mit anderen Menschen und theoretischen Varianten unseres Selbst, und dem Moment absichtslos entgegenzutreten. So frei zu existieren wie die Zeit.

Wenn dich diese E-Mail erreicht …

… bist du hoffentlich ruhig und gelassen.
… macht dich hoffentlich dein Posteingang nicht nervös.
… kannst du hoffentlich akzeptieren, dass diese E-Mail in Relation zum Universum nicht wirklich wichtig ist.
… hast du deine unfertige Arbeit hoffentlich freudig liegen lassen.
… bist du hoffentlich irgendwo unter freiem Himmel und der Wind streicht zärtlich über dein Haar wie eine unsichtbare mütterliche Hand.
… liegst du hoffentlich an einem Strand oder vielleicht an einem See.
… scheint dir hoffentlich die Sonne ins Gesicht.
… isst du hoffentlich gerade wunderbar süße Trauben.
… geht es dir hoffentlich gut. Aber weißt du was? Falls nicht, ist das auch okay, weil jeder mal einen schlechten Tag hat.
… liest du hoffentlich gerade ein richtig gutes Gedicht oder etwas anderes, das keine unmittelbare Reaktion von dir verlangt.

Allerdings hoffe ich, dass du weit weg bist von dieser E-Mail.

Eine Anmerkung zur Zukunft

Unsere Ängste und Unsicherheiten sind anscheinend vor allem bei uns im Westen von unserem Wunsch nach einer sorgenfreien Zukunft beeinflusst. Aber natürlich ist eine solche Zusicherung illusorisch. Die Zukunft sitzt da, mit einem Stift in der Hand, und verweigert die Unterschrift unter einen solchen Vertrag.

Alan Watts, ein britischer Philosoph, dessen Denken stark von östlicher Philosophie und Spiritualität beeinflusst wurde, ruft uns ins Bewusstsein, dass die Zukunft grundsätzlich ungewiss ist. »Wenn wir also nicht ohne eine sichere Zukunft glücklich leben können, sind wir bestimmt nicht befähigt, in einer endlichen Welt zu leben, in der – trotz bester Planung – Unglücksfälle geschehen können und in der am Ende der Tod kommt.« Mit anderen Worten: Wenn wir erwarten, dass die Zukunft frei ist von Leid, damit wir glücklich sein können, dann können wir nicht glücklich sein. Das ist so, als würden wir vom Meer verlangen, spiegelglatt zu sein, bevor wir in See stechen.

Vor »weil« wird gewarnt

Dein Wert muss niemals begründet werden. Du bist nicht wertvoll, *weil* du schwer arbeitest oder viel Geld verdienst oder hoch springen kannst oder einen Waschbrettbauch hast oder ein Unternehmen aufgebaut hast oder freundlich bist oder auf Selfies gut aussiehst oder eine Fernsehsendung moderierst oder auf dem Klavier auswendig *Für Elise* spielst. Dein Wert kennt kein »weil«. So, wie du bist, bist du genau richtig. Dein Glas ist voll. Du bist deiner selbst wert, und das ist immer genug.

Zehn Dinge, die dich nicht glücklicher machen

1. Jemand anders sein zu wollen.
2. Zu wünschen, Vergangenes rückgängig zu machen.
3. Dein Gekränktsein an jemandem auszulassen, der nichts damit zu tun hat.
4. Zu versuchen, dich von deinem Schmerz abzulenken, indem du etwas tust, was dir mehr Schmerz zufügt.
5. Nicht in der Lage zu sein, dir selbst zu verzeihen.
6. Darauf zu warten, dass Menschen dich verstehen, die nicht einmal sich selbst verstehen.
7. Dir einzubilden, dass das Glück auf dich wartet, wenn erst einmal alles erledigt ist.
8. Zu versuchen, in einer unberechenbaren Welt die Kontrolle zu behalten.
9. Schmerzhafte Erinnerungen auszublenden, nur weil du dich weigerst, hier und jetzt zufrieden zu sein.
10. Zu glauben, dass du unbedingt glücklich sein musst.

Überprüfe deinen Schutzpanzer

Überprüfe einmal, ob dein emotionaler Schutzpanzer dich tatsächlich schützt und nicht womöglich so massiv ist, dass du dich nicht mehr bewegen kannst.

Es geht darum, wie ihr dieses eine kostbare Leben,
das euch gegeben wurde, verbringen werdet.
Ob ihr es damit verbringen werdet,
den äußeren Schein zu wahren
und die Illusion zu erzeugen,
dass ihr die Verhältnisse beeinflussen könnt,
oder ob ihr es erleben
und genießen werdet und herausfindet,
wer ihr in Wirklichkeit seid.

Anne Lamott

Mensch sein

Dein Wert bist du. Dein Wert besteht darin, dass du da bist. Dein Wert ist genau hier. Deinen Wert kannst du dir nicht *verdienen*. Deinen Wert kannst du dir nicht *kaufen*. Deinen Wert kannst du weder durch *Status* noch durch Beliebtheit oder Sit-ups oder eine richtig edle Kücheneinrichtung erlangen. Dein Wert ist dein Dasein. Du wurdest mit diesem Wert geboren, genau wie jedes andere Baby auch, und dieser Wert verschwindet nicht einfach, wenn du älter wirst. Du bist ein Mensch. Du bist.

Du bist wasserfest

Es ist einfacher zu lernen, völlig durchnässt und dennoch glücklich zu sein, als zu lernen, wie man dem Regen Einhalt gebietet.

Teil 3

Wir sind alle mit einer Schachtel Zündhölzer
in uns auf die Welt gekommen.

Laura Esquivel
Bittersüße Schokolade

Die Kerze

Wenn es dunkel wird um uns, können wir nicht mehr sehen, was wir haben. Das bedeutet allerdings nicht, dass wir diese Dinge nicht mehr haben. Sie bleiben in Reichweite. Wir müssen nur eine Kerze anzünden oder einen Funken Hoffnung entfachen. Dann sehen wir, dass das, was wir verloren glaubten, bloß verborgen war.

Ein Beutel voller Augenblicke

Glückliche Augenblicke sind kostbar. An ihnen müssen wir uns festhalten. Bewahre sie. Schreib sie auf. Steck sie in einen Beutel. Trage diesen sinnbildlichen Beutel immer bei dir, für Zeiten, in denen es unmöglich erscheint, dass es so etwas wie glückliche Augenblicke überhaupt gibt. Manchmal hilft es, sich einfach an ein Glücksgefühl zu erinnern, damit Glück wieder möglich scheint.

Dein kostbarster Besitz

Die Gegenwart ist bekannt. Die Zukunft nicht. Die Gegenwart ist handfest. Die Zukunft nicht. Dir die Gegenwart zu vermiesen, indem du dich über Zukünftiges sorgst, ist so, als würdest du deinen kostbarsten Besitz verbrennen, einfach weil du eines Tages etwas anderes, was dir noch gar nicht gehört, verlieren könntest.

Der Wolf

Weinen baut Stress ab. Fluchen erhöht die Schmerztoleranz. Zorn kann uns ins Handeln bringen.

Fühle, was du fühlst.

Auf Schmerz kann man auch anders reagieren, als schweigend zu lächeln.

Manchmal ist es gut, wie ein Wolf zu heulen.

Die Brandwunde

Einmal habe ich versehentlich mein Bein in Brand gesetzt.

Ich war sechzehn Jahre alt. Es war Silvester. Ich hatte eine Menge Cider getrunken (ziemlich typisch für meine damalige Lebensphase).

Ein Freund von mir feierte im Garten eine Party. Da es eine kalte Nacht war, so wie Winternächte in Nottinghamshire es zu sein pflegen, hatten wir Feuer gemacht.

Jedenfalls bin ich offenbar zu nah ans Feuer gekommen, denn Menschen deuteten auf mein Bein und schrien herum, und dann sah ich hinunter und bemerkte, dass meine Jeans in Flammen standen.

Ich klopfte schnell mein Bein ab, andere machten mit. Das Feuer wurde erstickt, aber das Bein tat höllisch weh. Wir gingen ins Haus und begutachteten die Wunde. Sie erstreckte sich über fast ein Drittel meines linken Oberschenkels und schimmerte in unterschiedlichen Violetttönen. Sie nässte. Glänzte. Sah eklig aus.

»Geht es dir auch wirklich gut?«, wurde ich gefragt.

Mir ist jetzt noch schleierhaft, warum ich nicht wollte, dass ein Krankenwagen kam. Es kann nicht allein an jugendlicher Gehemmtheit und einem Selbstbewusstsein, das größer war als die Schmerzen, gelegen haben. Jedenfalls fand ich in der

Nacht vor Schmerzen keinen Schlaf, und sobald ich mich auf die Wunde konzentrierte, konnte ich an nichts anderes mehr denken.

Also lief ich die knapp zehn Kilometer nach Hause, immer an den Bahngleisen entlang. Inzwischen war ich nüchtern. Ich hinkte, und die Wunde tat sehr weh – ein schmerzhaftes Pulsieren, das mir Wahnvorstellungen bescherte.

Wenn wir einfach immer geradeaus gehen, werden wir hier wieder herauskommen.

Irgendwann musste ich stehen bleiben. Ich habe mich hingesetzt und die Augen geschlossen. Ein Güterzug donnerte vorbei. Ich dachte, ich würde es nie bis nach Hause schaffen. Aber irgendwie ging es dann doch.

Kaum war ich zu Hause, bemerkte meine Schwester die Wunde. Sie schnappte nach Luft und fiel fast in Ohnmacht und sagte, ich müsse sofort ins Krankenhaus. Diesmal widersprach ich nicht.

Meine Wunde wurde versorgt.

»Wenn du Schmerzen hast, darfst du keinen Moment zögern«, sagte der Spezialist – oder so etwas Ähnliches. An seine Worte musste ich Jahre später wieder denken, als ich mich umbringen wollte. »Du musst dich sofort darum kümmern. Sie werden nicht weggehen, indem du so tust, als wären sie nicht da.«

Tugend

Es ist vollkommen menschlich, nicht perfekt zu sein. Es ist vollkommen menschlich, Fehler zu haben. Es ist vollkommen menschlich, gewisse Vorurteile zu haben und einige durchaus zweifelhafte Marotten unserer Lebenswirklichkeit und unseres Herkunftsmilieus verinnerlicht zu haben. Das entsetzliche und wunderbare Chaos unserer Spezies ist unübertroffen. Menschen können bisweilen zu Hochform auflaufen und herzensgut sein, sie können aber auch so richtig Scheiße bauen. Wenn wir schwierige Menschen nur als Menschen wahrnehmen, »die anders sind als wir«, werden wir niemals den Mut aufbringen, uns selbst zu ändern. Denn dafür braucht es wirklich Mut. Mut, um mit Maya Angelou zu sprechen, ist die wichtigste Tugend überhaupt, denn »ohne Mut können wir keine andere Tugend beständig ausüben«. Es erfordert Mut, uns unerschrocken selbst gegenüberzutreten. Wenn wir uns nicht zugestehen, schwierig zu sein, werden wir niemals aufrichtig einräumen können, dass wir Fehler haben, geschweige denn uns mit ihnen auseinandersetzen. Wir brauchen Licht, um wachsen zu können. Tugend erwirbt man nicht dadurch, dass man einfach mit dem Finger auf alles Schlechte um sich herum zeigt und sich im Gegensatz dazu gut fühlt. Wahre Tugend erlangt man durch den

Blick nach innen. Wir müssen unsere eigenen Beweggründe und Fehler und Sehnsüchte betrachten und uns mit diesen trägen und verzwickten und widersprüchlichen Teilen befassen, die zu uns gehören.

(Tugend ist eine Reise, kein Ziel.)

Auch ein unsymmetrischer Baum ist ein Baum – und zwar so was von

Perfektion gehört in eine andere Welt. Im alten Griechenland hat Platon darauf hingewiesen, wie wichtig es ist, sich Dinge im Idealzustand vorzustellen. Die ideale Liebe, die ideale Gesellschaft, den idealen Staat, ideale Formen. Der Gedanke dahinter: Um etwas verbessern zu können, muss man wissen, wie der perfekte Zustand aussieht. In der Natur mag es kein perfektes Quadrat geben, aber das ideale Quadrat zu kennen hilft einem Architekten oder Stadtplaner bei der Arbeit. Sie können es aus dem Reich der Abstraktionen holen und es möglichst gut nachbilden. Es hilft auch zu wissen, wie die perfekte Freundschaft oder Bildung oder Gerechtigkeit aussehen könnte, damit Freunde oder Lehrer oder Richter sich daran orientieren können.

Das ist alles super, und ich werde mich ganz bestimmt nicht mit Platon anlegen, denn er war offenbar nicht nur ein Philosoph, sondern auch ein Ringer. Aber die Probleme beginnen da, wo uns gesagt wird, dass wir mit dem richtigen Bankkonto oder einer App oder einem Personal Trainer Perfektion erlangen können. Und dann bleiben wir unperfekt, was ganz normal ist, und wir fühlen uns womöglich nur noch mieser, weil wir daran geglaubt haben, dass diese perfekte Welt im Sinne Platons existiert.

Es gibt noch einen weiteren Grund dafür, dass ich mich nicht mit Platon anlege: Das hat schon Aristoteles erledigt. Aristoteles, einst ein Student Platons, hatte eine lockerere, prosaischere Einstellung zum Leben. Er war der Ansicht, dass wir uns nicht auf eine abstrakte Welt idealer Formen konzentrieren sollten, weil die Welt – die Erde, auf der wir leben – diese wesentlichen Formen schon enthält. Für Platon war ein Baum immer nur die armselige Imitation des idealen Baumes, während für Aristoteles das Baum-Sein im Wesen eines jeden Baumes enthalten war.

Wenn wir perfekte abstrakte Ideale anstreben, haben wir ein Problem: Wir werden sie niemals erreichen. Sie sind unerreichbar wie ein Regenbogen. Ich glaube daher, dass es viel besser ist, Trost in der Welt um uns herum zu finden. Wir sollten lieber versuchen, die Bäume als Bäume zu betrachten und uns selbst als uns selbst, und unsere ureigene Seele pflegen, anstatt etwas erreichen zu wollen, was nicht existiert, nicht existieren kann, und dann zuzusehen, wie es uns immer wieder durch die Finger gleitet.

Arbeite mit dem, was du hast. Lebe in dieser Welt. Sei das unsymmetrische Quadrat. Sei der schiefe Baum. Sei du selbst.

Du bist mehr als dein schlechtestes Verhalten

Wenn man einem Kind sagt, es sei unnütz, wird es irgendwann glauben, dass es tatsächlich unnütz ist. Und wenn du dir einredest, dass du unnütz bist, passiert das Gleiche. Ein depressiver Mensch, der annimmt, dass Menschen Depressive nicht ausstehen können, wird sich wahrscheinlich so verhalten, dass er dieser Erwartungshaltung entspricht. Und wenn wir davon ausgehen, dass die Menschen nur in die simplen Gegensatzkategorien »gut« und »schlecht« fallen, laufen wir unweigerlich Gefahr, dass wir uns wegen eines Fehlers auf ewig selbst richten.

Wir sollten es gut mit uns meinen. Wir sollten den Unterschied erkennen zwischen dem, wie Menschen *sind,* und dem, was sie manchmal *tun*. Das gilt auch für uns selbst.

Wärme

Mach dir keine Sorgen, nicht cool genug zu sein. Plage dich niemals damit herum, was die coolen Leute denken könnten. Leben ist Wärme. Kalt wirst du sein, wenn du tot bist. Halte dich an die warmherzigen Menschen. Halte dich ans Leben.

Traum

Unsere Existenz ist ein bemerkenswertes Zeugnis menschlicher Überlebensfähigkeit. Wie groß war wohl die Wahrscheinlichkeit, dass wir nach 150 000 Generationen hier gelandet sind, lebendig, jetzt, als *wir?* Bei dieser Frage sinnen wir über eine so große Unwahrscheinlichkeit nach, dass sie eigentlich schon unmöglich ist. Man muss sich nur all die furchtbaren und unwahrscheinlichen menschlichen Überlebensgeschichten vor Augen führen und an jeden einzelnen Verwandten in der Kette von Existenzen denken, der dafür am Leben bleiben und einen Partner finden musste. Das ist ein Nachsinnen über völlig abwegige Möglichkeiten.

Wir stecken alle mitten in einem Traum, der Wirklichkeit ist. Wir sind die Feuer, die aus dem Nichts gezaubert wurden. Wir leben, obwohl es nahezu unmöglich schien. Und doch leben wir.

Nichts ist stärker als eine kleine Hoffnung,
die niemals aufgibt.

Nichts ist stärker als eine kleine Hoffnung,
die niemals aufgibt.

Nichts ist stärker als eine kleine Hoffnung,
die niemals aufgibt.

Nichts ist stärker als eine kleine Hoffnung,
die niemals aufgibt.

Nichts ist stärker als eine kleine Hoffnung,
die niemals aufgibt.

Nichts ist stärker als eine –

Klarheit

Du bist hier. Und das ist genug.

Von der Wichtigkeit, merkwürdige Gedanken zu denken

Es ist gut, ein komischer Kauz zu sein. Es ist gut, exzentrisch zu sein. Es ist gut, sich nicht anzupassen.

Der Philosoph John Stuart Mill war der Meinung, es sei fast schon eine Bürgerspflicht, exzentrisch zu sein und sich nicht von Anpassung und Konformismus tyrannisieren zu lassen. Und selbst wenn wir gar nicht das Gefühl haben, besonders exzentrisch zu sein, so haben wir doch alle unsere exzentrische Seite. Ich spreche von Gedanken, die sich einschleichen. Zufälligen Funken, aus denen wir ein Feuer entfachen können. Ein gegensätzlicher Standpunkt oder die Meinung des politischen Gegners. Gedanken, die nicht so ganz zu unserer sonstigen Denkweise passen. Oder eine Vorliebe, die unseren üblichen Vorlieben zuwiderläuft. Wenn wir älter werden, sollten wir uns unbedingt um unsere unkonventionelle Seite kümmern und jenen Gedanken Beachtung schenken, die aus dem Rahmen fallen, weil sie uns beweglich halten und offen für Überraschungen. Sie verhindern, dass wir eine Cover-Version unserer selbst werden. Mehr noch: Sie helfen uns, neue Songs zu werden.

Draußen

Ja, klar, drinnen ist es tröstlich. Man ist geschützt und sicher. Aber auch draußen kann man Trost finden. Weil draußen die Freiheit ist. Draußen kannst du so lange umherstreifen, bis du deinen Platz gefunden hast. Oder du entscheidest, dass dein Platz draußen ist. Und dann bleibst du da.

Erkenntnis

Ich habe mich so lange damit herumgeplagt, mich anzupassen, bis mir klar wurde, warum es nicht gelingt: weil ich mich nicht anpassen will.

Um deinen Geist zu verlassen, musst du dich der Welt öffnen

Im Alter von zweiunddreißig Jahren war Ludwig van Beethoven fast taub. In einem Brief beschrieb er seinen Brüdern, wie verzweifelt er darüber war, dass Menschen ihn für »feindselig, störrisch oder misanthropisch« hielten, während doch sein Inneres in Aufruhr war, weil sich sein Zustand stetig verschlechterte. Er schrieb, dass er sich für einen hoffnungslosen Fall halte, weil er nicht viel komponiert habe. Darin ähnelt er Shakespeare, der sich selbst für einen Faulpelz hielt, weil er eine Weile gebraucht hat, um *Hamlet* zu verfassen.

Beethoven rief sich Erlebnisse ins Gedächtnis, als er auf dem Land war und nicht hörte, wie ein Hirte sang oder jemand auf einer Flöte spielte. Solche Vorfälle brachten ihn »nahe an Verzweiflung« und »es fehlte wenig, und ich endigte selbst mein Leben – nur sie, die Kunst, sie hielt mich zurück, ach, es dünkte mir unmöglich, die Welt eher zu verlassen, bis ich das alles hervorgebracht, wozu ich mich aufgelegt fühlte ...«

Nur sie, die Kunst, sie hielt mich zurück.

Und so blieb er am Leben. Selbst als sich sein Gehörleiden verschlimmerte – die höchste Qual für einen Ausnahmemusiker –, komponierte er weiter. Tatsächlich entstanden einige seiner größten Werke, als er schon vollkommen taub war, so wie die geniale *Klaviersonate Nr. 14* mit ihrer lastenden Atmosphäre – bekannt als *Mondscheinsonate.*

Es ist tragisch, dass der Mann, der einige der bekanntesten Musikstücke überhaupt geschaffen hat, selbst kaum etwas davon hören konnte. Dennoch war Musik seine Leidenschaft. In der Welt der Kunst gibt es von Emily Dickinson bis Georgia O'Keeffe zahllose empfindsame Menschen, die in der Ausübung ihrer Kunst Trost und Sinn gefunden haben.

Wir müssen nicht unbedingt Klaviersonaten komponieren, aber wir können unseren Leidenschaften frönen. Das kann alles Mögliche sein, vorausgesetzt, es liegt außerhalb von uns selbst. Vor einigen Jahren, kein Witz, konnte ich mich aus einer mittelschweren Angstphase befreien, indem ich mir die ersten vier Staffeln von *Game of Thrones* reingezogen habe.

Angst hat zwei Feinde: Neugierde und Leidenschaft. Selbst wenn ich vor Angst vergehe, kann ich mich aus dem Zustand befreien, wenn ich nur neugierig genug auf etwas bin, was *außerhalb meiner selbst* liegt. Musik, Kunst, ein Film, Natur, ein Gespräch, Worte.

Suche dir eine Leidenschaft, die so groß ist wie deine Angst.

Um deinen Geist zu verlassen, musst du dich der Welt öffnen.

Joy Harjo und die eine ganze Stimme

»Jeder auf dieser Welt hat einen Auftrag zu erfüllen«, schrieb Joy Harjo. »Und damit meine ich nicht, für eine Firma oder einen Konzern zu arbeiten – wir alle haben Begabungen, die wir mit den anderen teilen müssen, selbst die Tiere, und sogar die Pflanzen, Mineralien, Wolken … Jedes Lebewesen.«

Joy Harjo wurde in Tulsa, Oklahoma, geboren, sie gehört dem Volk der Muskogee (Creek) an. Sie ist die erste indigene Amerikanerin in der Geschichte der USA, die zum *Poet Laureate* ernannt wurde. Ihre Gedichte sind wunderschön, sie schöpfen aus ihrem kulturellen Erbe und den Tiefen des menschlichen Unterbewusstseins. Joy Harjo ist eine Aktivistin, dabei aber nicht auf einen Bereich beschränkt. Sie hat sich zu den Rechten der indigenen Amerikanerinnen und Amerikaner geäußert, zu Feminismus und Klimawandel, und für sie sind all diese Bereiche miteinander verbunden. Dieses Verbundensein ist auch ein Motiv ihres dichterischen Schaffens: die ganzheitliche Natur allen Seins. »Beim Beten öffnest du dein ganzes Selbst / Zum Himmel, zur Erde, zur Sonne, zum Mond / Zu der einen ganzen Stimme, die du bist.«

Ihre Überzeugung bringt Joy Harjo auch bei ihren Auftritten zum Ausdruck. Sie verschmilzt Prosa mit Dichtung und Musik, als wäre alles ein und dasselbe. Eines ihrer Stücke trägt den Titel *Ahhhh Saxophone*. Mithilfe dieses Instruments, so sagt sie, »erzeugt all die Liebe, die wir Menschen in uns tragen, einen süßen tiefen Ton, und wir heben ein bisschen ab.«

Für ihre Musik wie für ihre Dichtkunst wurde sie vielfach ausgezeichnet. Interessanterweise hat sie erst mit über vierzig gelernt, Saxofon zu spielen. Das finde ich nicht nur interessant, sondern auch tröstlich, weil es eines zeigt: Es ist niemals zu spät, mit etwas zu beginnen.

Ich habe mit dreizehn Jahren aufgehört, Klavier zu spielen. Bis dahin hatten meine Eltern mir wöchentliche Unterrichtsstunden bei der Klavierlehrerin Mrs Peters bezahlt. Aber als ich älter wurde, wollte ich meinen Freunden nicht erzählen müssen, dass ich mich am Freitagabend wegen der Klavierstunden nicht verabreden konnte. Mein junger Geist interessierte sich für andere Dinge. Beethovens *Für Elise* und Mozarts *Gavotte* zu üben erschien mir als eine belanglose, lästige Pflicht.

Im Laufe der Jahre habe ich diese Entscheidung mehr als einmal bereut und mich gefragt, wie es wohl wäre, wenn ich weitergespielt hätte. Und trotzdem habe ich bis vor Kurzem nichts unternommen. Erst jetzt, mit fünfundvierzig Jahren, habe ich mich während des Lockdowns mit meinen Kindern hingesetzt, um das Klavierspiel wieder zu erlernen. Natürlich ist es demütigend, zusammen mit einer Elf- und einem Zwölfjährigen *irgendetwas* lernen zu wollen. In etwa so, als würde man neben einem Fächerfisch schwimmen lernen wollen. Aber es war toll, Fortschritte zu machen, überhaupt wieder zu spielen, und zu begreifen, dass man niemals zu alt ist, um sich weiterzuentwickeln.

Joy Harjo ist natürlich nicht die einzige musikalische Spätberufene. Leonard Cohen hatte bei seinem Durchbruch als Musiker die dreißig überschritten. Und obwohl er schon in jungen Jahren musikalisches Talent bewiesen hatte, schrieb Verdi die meisten seiner besten Sachen, als er über fünfzig war. Dazu gehört auch seine Oper *Otello,* die er im Alter von dreiundsiebzig Jahren abschloss.

In musikalischer Hinsicht werde ich weder mit Verdi noch mit Joy Harjo jemals gleichziehen können, nicht einmal – wie sich gerade herausstellt – mit einem Zwölfjährigen, der über eine rasche Auffassungsgabe verfügt.

Aber ich habe die Möglichkeit, Musik zu machen und Gefallen daran zu finden, und das reicht. Die Freude an der Musik liegt in der Musik. Im Spiel. Und im Zuhören. Diese Freude heißt jeden willkommen, und zwar mit sperrangelweit geöffneter Tür.

Ist das nicht das Wichtigste, was wir tun können? So viele Türen offen halten wie nur möglich. Uns als Ganzes annehmen. Scheitern. Und an Joy Harjos Worte denken: »Es gibt keine Dichtkunst ohne Fehler.«

Schutz

Früher stand ich immer unter dem Druck, bloß niemanden zu enttäuschen. Ich blieb an einem Arbeitsplatz, den ich hasste. Ging zu Partys, die mich eigentlich gar nicht interessierten. Traf Menschen, mit denen nur krampfiger Smalltalk möglich war. Täuschte jedes Lächeln vor.

Und dann explodierte mein Verstand.

Danach habe ich begriffen, dass es besser ist, Menschen zu enttäuschen, als sich selbst in die Luft zu jagen.

Quantenfreiheit

Die Quantenphysik geht davon aus, dass die Gesetze des Universums der Wahrscheinlichkeitstheorie unterliegen. Das bedeutet, dass selbst unter den kleinsten Teilchen nichts genau berechenbar ist. Da ist immer Ungewissheit, und nichts kann genau berechnet und gemessen werden. Angesichts der Quantenwirklichkeit versagt der Determinismus. Der deutsche Physiker Werner Heisenberg, der das Prinzip der Unschärferelation formulierte, entdeckte Folgendes: Selbst wenn jede einzelne Ausgangsbedingung bekannt ist, ist es unmöglich, mit Gewissheit vorherzusagen, wie sich Wellen und Teilchen verhalten werden. Auf ähnliche Weise erklärt die Chaostheorie, dass sich auch Größeres, wie zum Beispiel das Wetter, nicht völlig verlässlich vorhersagen lässt – und das wird auch niemals möglich sein. (Wie oft schon sind wir von Sonnenschein überrascht worden, obwohl wir uns auf Regenschauer eingestellt haben?) Ebenso haben Hirnforscher nachgewiesen, dass die Struktur unseres Gehirns und seiner Nervenzellen gleichfalls einer gewissen Zufälligkeit unterworfen ist.

Anders ausgedrückt: Die Ungewissheit ist eines der wichtigsten Merkmale des Universums, der Natur, unserer Umgebung und auch von uns Menschen. Der Zufall kann immer dazwischengrätschen. Wenn etwas sich zu ändern beginnt oder in Bewegung gerät, geschieht dies mit einem gewissen Maß an Unberechenbarkeit, ob nun Licht durch einen Türspalt fällt oder ein Hurrikan wütet oder eine Gehirnzelle bei der Arbeit ist. Das Universum ist im Grunde eine Wahrscheinlichkeit, die immer wieder aufs Neue entsteht. Auch wenn die Angst uns dazu verleitet, vom Schlimmsten auszugehen, so bleibt doch die Zukunft – genau wie alles andere – ungewiss, unvorhersehbar, offen, frei. Und selbst das allerkleinste Vorkommnis im Labyrinth unseres Lebens kann völlig überraschende Folgen haben.

Andere Menschen sind andere Menschen

Halten wir einmal das Offensichtliche fest – denn das Offensichtliche nehmen wir gern als gegeben hin und vergessen es dann wieder: Du bist nicht wie die anderen. Du bist du. Du hast keine Macht über andere Menschen. Du hast keine uneingeschränkte Macht über das, was sie über die Welt denken oder über die Politik oder über dich. Du hast keine Macht darüber, welches Leid sie anderen Menschen zugefügt haben. Nicht einmal wenn sie dir Leid zugefügt haben. Natürlich können wir immer wieder etwas von anderen lernen, und manchmal lernt jemand etwas von dir. Und das ist toll, auch wenn wir uns nur ungern eingestehen, wie selten dies der Fall ist. Um mit der Autorin Ayishat Akanbi zu sprechen: »Wenn du der Meinung bist, deine Heilung hänge davon ab, dass andere Menschen zugeben, einen Fehler gemacht zu haben, dann wirst du noch darauf warten, wenn du schon längst tot und begraben bist.« Du strafst niemanden mehr als dich selbst, wenn du Hass in dir trägst. Andere Menschen sind andere Menschen. Und du bist du.

Falsche Richtung

Deinen Selbstwert findest du nicht in den Köpfen anderer Menschen.

Angewandte Energie

Geschichte kann tröstlich sein. Sie hilft uns dabei, unseren Platz in den Zeitläuften zu verstehen und dankbar zu sein für das, was Menschen in der Vergangenheit getan und durchlebt haben, sodass wir nun da sind, wo wir sind.

Insbesondere Begebenheiten aus früheren Zeiten können uns eine Stütze sein. Es kann nützlich sein zu erfahren, was Menschen erreicht und was sie durchgemacht haben. Einigen von ihnen haben wir es sogar zu verdanken, dass wir heute in einer besseren Welt leben.

Sagt dir Nellie Bly etwas?

Sie war eine der inspirierendsten Journalistinnen aller Zeiten.

Eigentlich ist Nellie Bly nur ihr Pseudonym. Als sie 1864 in Pittsburgh auf die Welt kam, wurde sie auf den Namen Elizabeth Jane Cochran getauft. Ihr Vater starb, als sie fünfzehn war. Die Familie – die Mutter und vierzehn Geschwister – war arm, und so machte Nellie Bly sich auf die Suche nach einer Verdienstmöglichkeit.

Zu jener Zeit gab es nur wenige Journalistinnen, und selbst diese wenigen wurden oft bewusst entmutigt. Nellie Bly ergatterte einen Job bei der Lokalzeitung, der ihr fünf Dollar pro Woche einbrachte. Allerdings sollte sie nur über häusliche Themen wie Kinderbetreuung und Hausarbeit schreiben. Ihre Kolumne erfreute sich rasch großer Beliebtheit, und das ermöglichte es ihr, investigativer zu arbeiten. Bald befasste sie sich mit gewichtigeren Themen wie etwa den Folgen der Scheidungsgesetze für Frauen.

1887 zog sie nach New York, und es gelang ihr, zu dem berühmten Zeitungsverleger Joseph Pulitzer vorzudringen. Sie wollte für seine Zeitung *New York World* arbeiten. Um ihren Einsatzwillen auf die Probe zu stellen, beauftragte er sie damit, zunächst über die Zustände im Blackwell's Island Asylum zu berichten, einer berüchtigten »Irrenanstalt« für Frauen. Der Haken: Bly musste undercover recherchieren. Sie musste also vortäuschen, verrückt zu sein, um überhaupt in die Anstalt zu gelangen.

Keine leichte Aufgabe. Sie mietete sich in einem Logier- und Kosthaus für Frauen ein und blieb die ganze Nacht wach, um am nächsten Morgen erschöpft und verwirrt zu wirken. Dann gab sie vor, den Verstand verloren zu haben, wurde als verrückt eingestuft und in die Anstalt eingewiesen.

Dort erfuhr sie die grauenhaften Zustände am eigenen Leib. Schikane durch das Anstaltspersonal. Mit Seilen zusammengebundene psychisch kranke Frauen. Von Ratten heimgesuchte Krankenstationen. Vergammeltes Essen. Verschmutztes Trinkwasser. Von mehreren Personen benutztes Badewasser. Harte Bänke. Grausame Strafen. Rasch stellte sie fest, dass viele Frauen überhaupt nicht verrückt zu sein schienen. Bly kam zu dem Schluss, dass ein gesunder Mensch schon nach wenigen Stunden in der Anstalt an seinem Verstand zweifeln würde.

Gleich nach ihrer Ankunft verstellte Bly sich nicht länger,

sondern verhielt sich so wie sonst auch. Dennoch wurde jede ihrer normalen Handlungen – als sie etwa das Personal fragte, ob man ihr den Bleistift weggenommen habe – als ein Beleg ihrer Geisteskrankheit gewertet: »Je vernünftiger ich sprach und handelte, für desto verrückter hielt man mich.« Sie beobachtete auch, dass die am schwersten erkrankten Patientinnen absichtlich gereizt wurden.

Nach zehn Tagen klärte die *New York World* die Anstalt auf und forderte die Entlassung ihrer Berichterstatterin. Es war ein verstörender Auftrag. Doch mit ihren Berichten über das Erlebte trug Bly dazu bei, die öffentliche Meinung zu Nervenheilanstalten und psychischen Erkrankungen zu ändern.

Als unmittelbare Reaktion auf ihren zweiteiligen Artikel »Zehn Tage in einem Irrenhaus« erhöhte das für die Anstalt zuständige Ministerium dessen Budget um eine Million Dollar. Noch beeindruckender: Blys Auflistung von Empfehlungen wurde vom Department of Charities and Correction übernommen. Dies führte einige Jahre später zur Schließung der Anstalt.

Nellie Bly wurde berühmt. Und sie hatte ihren Anteil daran, dass eine neue Ära des engagierten Undercover-Journalismus anbrach.

Fortan berichtete sie über alle möglichen dramatischen Begebenheiten. Das hatte nichts mehr mit der leichten Kost zu tun, über die sie anfänglich in Pittsburgh schreiben musste. Ihre Themen reichten von staatlicher Korruption bis hin zu skandalösem Säuglingshandel.

1889 wurde ihr Ruhm noch größer, weil sie als Erste den (erfundenen) Rekord von Phileas Fogg im Roman von Jules Verne *In achtzig Tagen um die Welt* brach. Für die Reise von gut 40 000 Kilometern rund um den Erdball benötigte sie knapp zweiundsiebzig Tage. Unterwegs traf sie Jules Verne in Paris, besuchte eine Leprakolonie in China und durchquerte den Suezkanal. Sie reiste auf Schiffen und im Zug und ritt gelegentlich auf einem Esel.

Als eine Konkurrentin losgeschickt wurde, weigerte sich Bly, aus der Reise einen Wettstreit zu machen. Ihre Berichte belegen, wie sehr sie jeden schönen Moment zu würdigen wusste. »Nebel mochte ich schon immer«, schrieb sie etwa, »er taucht die Dinge in ein sanftes, verschönerndes Licht, Dinge, die im grellen Tageslicht primitiv und banal wirken würden.«

Jahre später, im Ersten Weltkrieg, reiste sie als erste weibliche Berichterstatterin in das österreichisch-serbische Kriegsgebiet und wurde sogar verhaftet, weil man sie fälschlicherweise für eine britische Spionin hielt. Sie wurde aber rasch wieder auf freien Fuß gesetzt.

Bis heute lebt ihr Vermächtnis fort. Alles Mögliche wurde nach ihr benannt: Auszeichnungen für Journalisten, Schiffe, ein Eissalon, sogar ein Vergnügungspark.

Nellie Blys Leben ist ein Beleg dafür, was ein Mensch zu tun imstande ist, auch wenn er über kaum mehr verfügt als einen gespitzten Bleistift und einen noch schärferen Verstand.

Sie vertrat die Meinung: »Wenn Energie richtig angewandt und gelenkt wird, kann man alles erreichen.«

Nellie Bly hat sich in keine Rolle pressen lassen, die gesellschaftlich für sie vorgesehen war. Sie wurde das, was sie werden wollte.

Das Chaos

Man selbst zu sein, ist das Schwierigste überhaupt. Wir sind dermaßen überlastet, dass wir nicht immer unser wahres Ich erkennen können. Wir lenken uns ab bis zum Wahnsinnigwerden. Manchmal bringen wir unser Leben absichtlich in Unordnung, um nicht an den Wirrwarr in unseren Köpfen denken zu müssen. Wenn wir all den äußeren Wirrwarr entfernen, müssen wir uns dem Wirrwarr in unserem Innern stellen. All diesem Kuddelmuddel. Doch je mehr wir uns darauf konzentrieren, desto eher können wir das System darin erkennen. Alles ist aus einem bestimmten Grund genau dort, wo es ist. Vielleicht würden wir das Chaos gern auf eine andere Weise ordnen, oder aber wir finden es ganz schön so. Eines sollten wir nicht vergessen: Wir sind unvollkommen, weil wir am Leben sind.

Wir sind chaotisch, weil das Universum mit einem Knall begann und seither die Trümmer durchs All sausen. Wir alle sind chaotische Säugetiere auf einem chaotischen Planeten in einem chaotischen Kosmos. Das Chaos zu leugnen hieße zu leugnen, wer wir sind. Das Chaos zu erkennen, es gewähren zu lassen, ihm zu verzeihen, bedeutet einen Zustand zu erreichen, den die Buddhistin und Psychologin Tara Brach als

»radikale Akzeptanz« bezeichnet. In diesem Zustand können wir unsere sogenannten Makel oder Unzulänglichkeiten als natürliche Bestandteile des Lebens anerkennen. Und dann können wir aufgeschlossen und aufrichtig leben, anstatt uns kleinzumachen, indem wir versuchen, uns wegzusperren wie den Inhalt eines nicht aufgeräumten Schranks. Wir können, kurz gesagt, leben.

Strebe danach, du selbst zu sein

Wenn du danach strebst, jemand zu sein, der du nicht bist, wirst du immer scheitern. Strebe danach, du selbst zu sein. Strebe danach, auszusehen und zu handeln und zu denken wie du. Akzeptiere dein Du-Sein. Heiße es gut. Hege und pflege es. Liebe es. Und scheiß drauf, wenn Menschen sich deshalb über dich lustig machen.

Der Becher

Was die Menschen über dich denken, hast du nicht in der Hand. Also mach dir darüber weiter keine Gedanken. Wenn sie eine Version deiner selbst hassen wollen, die es nur in ihrer Fantasie gibt, dann lass sie einfach. Verausgabe dich nicht in dem Bemühen, von Menschen verstanden werden zu wollen, die darauf beharren, dich nicht zu verstehen. Sorge lieber dafür, dass dein Becher voll bleibt. Bleib freundlich und wohlwollend.

Der Granatapfel

Klatsch ist oft nichts anderes als verkappter Neid. Selbstzweifel sind häufig verkappte Anpassungswünsche. »Niemand kann dir ohne deine Einwilligung ein Minderwertigkeitsgefühl aufzwingen«, soll Eleanor Roosevelt einmal gesagt haben. Also atme tief durch. Trete heraus aus dem Schatten. Sei du selbst in der offenen Weite. Es gibt nur einen Erfolg, der wirklich zählt: Sei du selbst. Sich anzupassen ist in Ordnung. Aber versuche niemals, dich anzupassen, wenn dies bedeutet, dass du jemand wirst, der du nicht bist. Werde du selbst. Werde zu dem Menschen, der niemand sonst ist. Wenn Menschen dich nicht mögen, dann lass sie. Nicht jede Frucht muss ein Apfel sein. Es ist zu anstrengend, dieses Leben als jemand zu verbringen, der du nicht bist. Wenn du ein Granatapfel bist, sei ein Granatapfel. Sicher, es gibt wahrscheinlich mehr Menschen, die keine Granatäpfel mögen, als Menschen, die keine Äpfel mögen, aber für die unter uns, die Granatäpfel mögen, sind sie die Lieblingsfrucht.

Lass dich zu

Steh dir nicht selbst im Weg. Du selbst zu sein ist nichts, was du tun musst. Du wurdest als du geboren, und du musstest dich nicht einmal darum bemühen. Tatsächlich ist das Bemühen das Problem. Du kannst dich nicht *bemühen,* zu *sein*. Du kannst nur zulassen, du selbst zu sein.

Teil 4

Manchmal, als ein Gegengift
Gegen die Angst vor dem Tod,
Esse ich die Sterne.

Rebecca Elson

Der Himmel

Stell dir einmal vor, du hättest noch niemals den Nachthimmel gesehen.

Stell dir vor, im Leben eines jeden Menschen gäbe es nur einmal einen Nachthimmel. Stell dir vor, du könntest nur ein einziges Mal nach oben schauen und die Sterne sehen. Das wäre vermutlich ein Highlight in deinem Leben. Dieses Ereignis würde wahrscheinlich in deine Geschichte eingehen als *Die Nacht der Sternenwunder* oder *Der erstaunliche Moment, als ich das schimmernde Universum beobachtete* oder etwas Eingängigeres. Dafür würden wir unsere Sofas verlassen und mal einen Abend ohne Streaming-Dienst verbringen. Wir würden lieber nach draußen gehen und in den Himmel schauen. Angesichts der tausend und abertausend stecknadelkopfgroßen Lichter, die uns durch Zeit und Raum erreichen, würde uns vor Staunen die Kinnlade runterfallen. Wir würden den Mond anstarren und versuchen, die Sterne von den Planeten zu unterscheiden. Und uns fragen, welcher davon wohl die Venus ist.

Ich will darauf hinaus, dass es beinahe unmöglich ist, den Nachthimmel als selbstverständlich zu betrachten, wenn man ihn bloß einmal im Leben zu Gesicht bekommt.

Und doch tun wir genau das: Wir betrachten den Nachthimmel als selbstverständlich. Und natürlich ließe es sich selbst bei klarem Himmel mit geringer Lichtverschmutzung nur schwer umsetzen, sich laufend draußen aufzuhalten, um in sentimentalem Staunen Sternbilder anzuschauen. Dabei ist es immer gut, sich darüber im Klaren zu sein, wie vieles im Leben auf der Stelle wunderbar wirken würde, wenn wir es seltener zu Gesicht bekämen. Was die Fülle an Wundern auf diesem Planeten und in diesem Universum betrifft, sind wir so vom Glück verwöhnt, dass wir schon ganz abgestumpft sind. Bewusst wird uns das oft erst in Krisenzeiten. Dass wir in den Worten des Philosophen Alan Watts über uns sagen können: »Wir sind eine Öffnung, durch die das Universum sich selbst betrachtet und sich selbst erforscht.«

Betrachte die Sterne

Ich erinnere mich an eine Nacht, als ich mitten in einer Depression steckte: Ich trug mich mit Selbstmordgedanken und sah hoch in den sternenklaren Himmel. Meine Seele schmerzte so sehr, dass es sich wie ein körperlicher Schmerz anfühlte. Aber den Himmel zu betrachten, unseren kleinen Einblick ins Universum, erfüllte mich mit der Hoffnung, dass ich diesen Anblick eines Tages wieder würde schätzen können. Schönheit wohnt jedem Augenblick inne, der uns nach Luft schnappen lässt: vor Hoffnung und Staunen über das Leben. Die Welt hat eine Menge solcher Augenblicke zu bieten. Sie leuchten im Dunkeln. Und sie gehören uns. Wir müssen einfach offen für sie sein. »Verweile bei der Schönheit des Lebens«, schrieb Marc Aurel vor zweitausend Jahren in seinen *Selbstbetrachtungen.* »Blicke oft zu den Sternen empor – als wandeltest du mit ihnen.«

Das Universum ist Veränderung

Als Marc Aurel seine *Selbstbetrachtungen* schrieb, war er der mächtigste Mann der Welt. Ihm stand im wahrsten Sinne des Wortes ein ganzes Imperium zur Verfügung. Städte, Armeen, Paläste. Das alles gehörte ihm. Fast zwei Jahrzehnte lang, von 161 bis 180 n. Chr., war er römischer Kaiser, in der Glanzzeit des Römischen Reiches. Und doch sträubte er sich dagegen, Zufriedenheit aus seinem Status und seiner Macht zu ziehen. Er bevorzugte die Einfachheit, den Austausch mit Ratgebern und eine kosmische Perspektive. Er glaubte, dass es wichtig sei, die Sterne zu beobachten. Dazu angeregt habe ihn der antike griechische Philosoph Pythagoras, Begründer der Schule der Pythagoräer.

Die Pythagoräer blickten nicht zum reinen Vergnügen in den Himmel. Ihnen schien er einen Einblick in die göttliche Ordnung zu gewähren. Weil jeder Stern für sich steht, aber doch alle zusammen ein System bilden. Den Stoikern galt der Blick in die Sterne als unverschleierter Einblick ins Göttliche – und auf Bruchstücke der Natur.

Doch nicht nur der Himmel oder die Sterne sind wichtig, sondern auch das, was wir denken, während wir sie betrachten. Unsere Verbindung zu der veränderlichen Welt um uns und über uns.

»Das Universum ist Veränderung«, schrieb Marc Aurel. »Unser Leben ist das, zu dem unsere Gedanken es machen.«

Selbst ein Mann, der ein ganzes Weltreich lenkte, betrachtete die Sterne und fühlte sich auf glückliche Weise klein in der großen universellen Ordnung.

Der Himmel beginnt nicht über uns. Es gibt keinen Anfangspunkt für den Himmel. Wir leben im Himmel.

Der stoische Sklave

Epiktet ist mein absoluter Lieblingsphilosoph. Wie Marc Aurel war er ein Stoiker und lebte im alten Rom. Anders als Marc Aurel war er jedoch kein Kaiser. Tatsächlich war er alles andere als ein Kaiser.

Er hatte ein schweres Leben. Er war als Sklave auf die Welt gekommen, und sein Name bedeutet buchstäblich »der neu Erworbene«. Obwohl er seine ganze Jugend in Sklaverei verbrachte, durfte er die Philosophie der Stoiker studieren. Er war körperlich eingeschränkt, vermutlich weil sein Besitzer ihm ein Bein zertrümmert hatte. Körperliche Schmerzen begleiteten ihn fast sein ganzes Leben.

Die Gründe für seine Freilassung liegen im Dunkeln. Als freier Mann begann er, Philosophie zu lehren. Selbst dann lebte er meistens allein und in einfachen Verhältnissen, ohne größere Besitztümer. Als alter Mann soll er das Kind eines Freundes adoptiert und gemeinsam mit einer Frau großgezogen haben, mit der er möglicherweise verheiratet war.

In mancher Hinsicht mutet Epiktet wie ein hochmoderner Philosoph an. Seine Weltanschauung lässt sich wahrscheinlich am besten in seinen eigenen Worten zusammenfassen: »Es geht nicht darum, was dir widerfährt, sondern wie du darauf reagierst.«

Diese Einstellung hat schon vielen Menschen in schwierigen Umständen geholfen, darunter Kriegsgefangene ebenso wie Menschen, die eine Depression durchmachten. Der Psychologe Albert Ellis, der als einer der Ersten die kognitive Verhaltenstherapie entwickelt hat, führt seinen therapeutischen Ansatz auf diesen Ausspruch Epiktets zurück: »Der Mensch wird nicht von Dingen beunruhigt, sondern von dem Standpunkt, den er ihnen gegenüber einnimmt.«

Epiktet ruft uns Folgendes ins Bewusstsein: Wenn wir unser Glück an äußeren Umständen festmachen, geben wir im Grunde die Vorstellung auf, selbst etwas beeinflussen zu können, und machen unser Wohlbefinden von Kräften außerhalb unserer selbst abhängig.

Was immer dies sein mag – Einkommen, Beziehungen, der Wunsch nach einer Familie, ein Lamborghini, ein Lottogewinn, eine Äußerung in den sozialen Medien, die viral geht –, »denke stets daran: Je größer der Wert ist, den wir Dingen außerhalb unseres Einflussbereichs beimessen, desto geringer wird unser Einfluss sein.« Und selbst wenn wir die Dinge bekommen, von denen wir meinen, dass wir sie uns wünschen, hat das oft ganz andere Folgen, als wir es uns vorgestellt haben. So zeigen beispielsweise Studien, dass sich ein Lottogewinn häufig negativ auf die Zufriedenheit des vermeintlich glücklichen Gewinners auswirkt.

Der Trost, den Epiktet bietet, könnte nicht größer sein. Er bestärkt uns nicht in dem Glauben, dass uns etwas Großartiges widerfahren wird. Sondern darin, dass der menschliche Verstand wählen kann, wie er auf das reagiert, was uns widerfährt, seien es Schmerzen, Traurigkeit oder Gefangenschaft. Das gilt selbst für die schlimmsten Ereignisse.

Schmerz, Verlust, Trauer, Tod. »Dem Tod kann ich nicht entrinnen«, sagte er, »aber wenigstens der Angst vor dem Tod.«

Mit einem Wort, Epiktet schenkt uns die Möglichkeit der Einflussnahme in einer Welt, die sich nicht kontrollieren lässt. Wir haben es in der Hand, unser fehlendes Einflussvermögen zu akzeptieren. Wir beeinflussen unsere Reaktion darauf.

Die Raupe

In dem dunklen Kokon zerfällt eine Raupe. Sie löst sich in ihre eigenen Enzyme auf. Wird flüssig. Zu Brei. Raupensuppe. Dann dauert es eine Weile, und sie wird als Schmetterling wiedergeboren. Kokons sind keine gemütlichen Ruheplätze. Für eine Raupe muss sich ein Kokon ziemlich schrecklich anfühlen. Dennoch hat das Schicksal der Raupe sich als großartige Metapher erwiesen für unser eigenes Unglück und unsere Kämpfe. Die größten Veränderungen lassen sich auf die schlimmsten Erlebnisse zurückführen. Wir lösen uns auf, um neu zu werden. Wir gehen durch die Dunkelheit, um in den Sonnenschein zu fliegen.

Erfahrung

Wir sind nicht das, was uns widerfährt.

Wenn wir in einen Wirbelsturm geraten, ist es völlig egal, wie heftig oder Furcht einflößend er ist. Wir wissen immer, dass wir nicht der Wirbelsturm sind. Das Wetter da draußen und das Wetter in uns drinnen sind niemals von Dauer. Man hört immer wieder Menschen sagen, dass düstere Wolken über ihnen hängen. Aber wir sind niemals die Wolken. Wir sind der Himmel. Die Wolken sind nur in uns. Die Wolken sind nur die Momentaufnahme. Der Himmel bleibt der Himmel.

Einige Worte zum Atmen

Du solltest wissen, dass der Atem sehr wichtig ist.

Ja, ich weiß.

Das hier macht mich jetzt zu »der Person«. Zu der Person, die dir sagt, dass du ans Atmen denken sollst, als würden sämtliche Probleme auf der Welt einzig dadurch verursacht, dass beim Ausatmen nicht bis fünf gezählt wird. Das klingt fast so, als wollte ich dir sagen, dass es ein Leichtes ist, mit deiner seelischen Erschütterung fertigzuwerden, dass du nur ein ausgiebiges Bad brauchst und ein paar Kerzen mit Lavendelduft. Und dennoch: Im Laufe der Jahre habe ich gelernt, dass es für mein Stressniveau keinen besseren Gradmesser gibt als meinen Atem.

Der Atem ist so etwas wie ein eingebautes Stimmungsbarometer.

Als ich ausgewachsene Panikattacken hatte, hatte ich Atemprobleme. Ich atmete sehr schnell und nur in den oberen Teil der Lunge, als ob ich nicht einmal die Zeit hätte, richtig Luft zu holen.

Inzwischen weiß ich, was ich in einer Stresssituation tun kann: Ich lege mich hin, platziere eine Hand auf meinem Bauch und atme tief ein. Am Ende des Atemzugs bebt mein Bauch wie ein verschrecktes Tier, und dann weiß ich Bescheid. Ich weiß, dass es nun an der Zeit ist, einen Schritt zurückzutreten und mir Entspannung zuzugestehen.

Das klingt paradox, aber sich um Entspannung zu bemühen, kann manchmal funktionieren.

Für mich ist der einfachste und schnellste Weg langsames Atmen. Wenn ich mich darauf konzentriere, langsam zu atmen, verstummen die lästigen Stimmen in meinem Kopf auf der Stelle – die, die wie lästige YouTube-Schimpftiraden in Endlosschleifen laufen. Fast augenblicklich habe ich das Gefühl, dass es okay ist, nicht auf diese E-Mail zu antworten, oder nicht weiter schlimm, dass ich ein Zoom-Meeting verpatzt habe. Ich komme innerlich zur Ruhe.

Bewusst zu atmen scheint eine Möglichkeit zu sein, zu deinem Selbstwertgefühl vorzudringen. Eine Möglichkeit, dir zu sagen: *Mach mal Pause*. Eine Möglichkeit, dich selbst und das Leben zu akzeptieren. Du brauchst nur deine Lunge dazu.

Du kannst es im Liegen oder im Sitzen oder im Stehen tun. Wenn ich mich hinlege, lagere ich meine Arme an den Seiten, die Handflächen zum Himmel oder zur Decke gedreht, die Füße etwas auseinander. Wenn ich sitze, lege ich meine Hände auf den Oberschenkeln ab, meine Füße stehen hüftbreit auseinander. Dann atme ich sanft ein, tief in den Bauch. Und ich zähle tatsächlich bis fünf, still für mich, weil die tranceähnliche Konzentration auf das Zählen die Entspannung noch zu vertiefen scheint. Idealerweise mache ich das eine Minute lang. Aber ernsthaft: Wenn du fünf Minuten hast, mach es fünf Minuten lang. Was soll's, sogar länger. Vielleicht langweilst du dich am Anfang, weil ein geschäftiges Gehirn um keinen Preis runterschalten möchte, obwohl es so dringend nötig wäre. Aber einen Versuch es ist wert.

Du bist hier. Du lebst. Du bist in diesem Moment.

Atem ist wohl gleichzusetzen mit Leben, und sich des Atems bewusst zu sein, bedeutet, sich des Lebens bewusst zu sein, sich der einfachsten Wahrheit seiner selbst bewusst zu sein, und die Welt des Tuns zu transzendieren, um – und sei es nur für einige angenehme, tröstliche Augenblicke – in der Welt des Seins zu leben.

Was dein Atem dir sagt

Du bist genug.

Du brauchst nichts anderes als dich. Du bist mehr als das Bild, das andere von dir haben. Du bist das, was du im Dunkeln bist. Du bist das, was du im Schweigen bist. Du musst deine Selbstakzeptanz weder kaufen noch antrainieren noch verdienen.

Du bist genug.

Du bist ein kosmisches Wunder. Du bist die Erde, die sich selbst beobachtet. Du atmest Luft ein und akzeptierst dich selbst, so wie du die Luft akzeptierst, als einen Teil der natürlichen Ordnung. Du bist der Geist, der in der Wandlung existiert. Du bist Wahrscheinlichkeit in Bewegung. Du gehörst hierher. Du bist genau dort, wo du sein sollst.

Du bist genug.

Nichts ist stärker als eine kleine Hoffnung,
die niemals aufgibt.

Nichts ist stärker als eine kleine Hoffnung,
die niemals aufgibt.

Nichts ist stärker als eine kleine Hoffnung,
die niemals aufgibt.

Nichts ist stärker als eine kleine Hoffnung,
die niemals aufgibt.

Nichts ist stärker als eine kleine Hoffnung,
die niemals aufgibt.

Nichts ist stärker als eine kleine Hoffnung,
die niemals aufgibt.

Nichts ist stärker als eine kleine Hoffnung,
die niemals aufgibt.

Nichts ist stärker als eine kleine Hoffnung,
die niemals aufgibt.

Nichts ist stärker als eine kleine Hoffnung,
die niemals aufgibt.

Nichts ist stärker als eine kleine Hoffnung,
die niemals aufgibt.

Nichts ist stärker als eine kleine Hoffnung,
die niemals aufgibt.

Nichts ist stärker als eine kleine Hoffnung,
die niemals aufgibt.

Nichts ist stärker als eine kleine Hoffnung,
die niemals aufgibt.

Nichts ist stärker als eine kleine Hoffnung,
die niemals aufgibt.

Nichts ist stärker als eine kleine Hoffnung,
die niemals aufgibt.

Lebe im Rohzustand

Unsere wahre Herausforderung besteht darin, einen ehrlichen Blick auf uns und die Welt zu werfen. Verletzungen zu erkennen, damit wir helfen können, sie zu heilen. Nicht zurückzuzucken. Nicht unser Leben eingehüllt in ein Nichtwahrhabenwollen zu verbringen und dem Schmerz möglichst auszuweichen. Nicht den Gefühlen auszuweichen. Um mit der buddhistischen Schriftstellerin Pema Chödrön zu sprechen: »Unwissend zu bleiben, weil wir nicht den Mut und den Respekt aufbringen, ehrlich und sanft uns selbst ins Gesicht zu schauen, das ist die grundsätzlichste Form der Aggression gegen uns selbst.« Heilung bedeutet, im Rohzustand zu leben.

Ehrliches Sehen

Unwissenheit macht uns klein. Die wahre Herausforderung besteht darin, einen ehrlichen Blick auf uns und die Welt zu werfen. Eine der Herausforderungen, denen Marc Aurel sich stellte, war, »den Dingen ins Gesicht zu sehen und zu wissen, was sie sind«.

Wart's ab

Mit dir ist alles in Ordnung. Auch wenn du dich wie in einem Albtraum gefangen fühlst. Wenn dein Verstand dich fertigmacht. Wenn du denkst, dass du es nicht schaffst. Dann erinnere dich an eine Zeit, in der du dich auch schon mal schlecht gefühlt hast. Und dann denke an etwas Gutes, was seitdem passiert ist, in der Zwischenzeit. Dieses Gute wird vielleicht nicht noch einmal passieren (obwohl, wer weiß?), aber *irgendetwas* Gutes wird geschehen. Wart's ab.

Das Heilmittel gegen die Einsamkeit

Einsamkeit ist nicht die Abwesenheit von Gesellschaft. Wir fühlen uns einsam, wenn wir nicht mehr weiterwissen. Wir können uns inmitten einer Menschenmenge verloren fühlen. Du bist niemals einsamer als in der Gegenwart von Menschen, die nicht auf deiner Wellenlänge sind. Das Heilmittel gegen die Einsamkeit besteht nicht darin, dich mit mehr Menschen zu umgeben. Das Heilmittel gegen die Einsamkeit besteht darin, zu verstehen, wer du bist.

Muster

Man kann so leicht in einem Verhaltensmuster stecken bleiben. Denk mal an die Menschen in deinem Umfeld. Tun sie immer und immer wieder das Gleiche? Essen und trinken sie immer das Gleiche? Schauen sie die immer gleichen Fernsehsendungen? Lesen sie nur Krimis oder nur Sachbücher oder nur Romane? Stehen sie meistens zur gleichen Zeit auf und gehen zur gleichen Zeit ins Bett? Äußern sie immer das Gleiche? Denken ähnliche Gedanken? Wie sieht es bei dir damit aus? Und bei mir? Nun ja. Menschlich zu sein – am Leben zu sein – bedeutet, in Verhaltensmuster zu verfallen. Einige Muster sind gut. Routine wirkt tröstlich, das zieht uns an, und wir gewöhnen uns daran. Aber es kann auch Unbehagen verursachen, immer das Gleiche zu tun. So wie zusammengesacktes Sitzen über Stunden in unveränderter Position schlecht für deinen Rücken sein kann, gilt dies auch dafür, immer und immer wieder den vertrauten Weg des geringsten Widerstands zu gehen. Dadurch können wir unser Leben festfahren. Wir werden zu überholten Algorithmen, die eine neue und größere Sequenz brauchen.

Den Trott zu durchbrechen tut uns gut. Selbst etwas so Banales, wie die Apps auf deinem Handy neu anzuordnen, hilft dabei, das Muskel-Gedächtnis zu überlisten.

Die Buddhistin und Psychologin Tara Brach sagte einmal: »Die vielleicht größte Tragödie unseres Lebens besteht darin, dass die Freiheit möglich ist, wir aber unsere Jahre damit zubringen können, in den immer gleichen alten Mustern gefangen zu sein. […] Wir mögen uns wünschen, Menschen rückhaltlos lieben zu können, uns authentisch zu fühlen, die Schönheit um uns herum aufzunehmen, zu tanzen und zu singen. Doch jeden Tag hören wir auf innere Stimmen, die unser Leben klein halten.«

Jenseits der Komfortzone

Mit der Vertrautheit kann sich eine gewisse Scheu einstellen. Angst vor Veränderung. Dadurch hängen wir womöglich in ungeliebten Jobs fest, in ungesunden Beziehungen, in wenig hilfreichen inneren Einstellungen. Dieser Zustand wird gern als »Komfortzone« bezeichnet, aber meistens ist er das genaue Gegenteil. Wir haben es vielmehr mit einer Zone des Unbehagens zu tun, der Stagnation, des Unerfüllten. Sie lässt sich überraschend einfach durchschreiten, wenn wir uns einmal dazu entschlossen haben. Erst dann kommt echter Trost in Sicht, nämlich der, die bestmögliche Version unserer selbst zu sein. Weniger Festgelegtsein, mehr Menschsein.

Dies und das

Du musst nicht immer etwas zu tun haben. Oder etwas erreichen. Du musst deine freie Zeit nicht unbedingt produktiv nutzen. Du musst kein Tai-Chi machen oder heimwerken oder Brot backen. Manchmal kannst du einfach nur *sein* und etwas *spüren* und durchkommen und Chips essen und überleben, und das ist mehr als genug.

Ferris Bueller und der Sinn des Lebens

Der Film *Ferris macht blau* aus dem Jahr 1986 ist die beste Teenager-Komödie aller Zeiten. Trotzdem hatte ich jahrelang ein Problem damit, obwohl mir der Film eigentlich richtig gut gefallen hat. Der Regisseur John Hughes erzählt die Geschichte eines beliebten Teenagers, der eine Krankheit vortäuscht, um die Schule zu schwänzen und sich mit seinem besten Freund und seiner Freundin einen schönen Tag in Chicago zu machen. Ich habe mich über den Film geärgert, weil ich Ferris für egoistisch hielt und ich dachte, man müsse die Hauptfigur mögen, um Spaß an dem Film zu haben. Mein Problem dabei: Ferris verleitet seinen besten Freund Cameron dazu, sich für ihr Abenteuer den Oldtimer-Ferrari seines Vaters zu schnappen, obwohl Cameron dafür einen Haufen Ärger bekommen würde.

Als ich mir den Film noch einmal angesehen habe, wurde mir klar, dass ich das Ganze völlig falsch verstanden hatte. In dem Film geht es gar nicht um Ferris, auch wenn sein Name im Titel steht. Es geht um Cameron. Seine Gefühle stehen im Mittelpunkt. Er ist derjenige, der sich am nachhaltigsten wandelt: von einem depressiven, möglicherweise selbstmordgefährdeten, nach außen hin privilegiert wirkenden Teenager, an dem die vermeintliche Sinnlosigkeit der vor ihm liegenden Zukunft aus College und Erwachsensein nagt, hin zu einem selbstbewussten Menschen, der in der Gegenwart zu leben versteht und seinem strengen Vater und dessen autoritären Regeln die Stirn bietet.

Seinen berühmten Monolog spricht Ferris gleich zu Beginn des Films in die Kamera. Die Kernbotschaft richtet sich an Cameron, und darum dreht sich der Film: »Das Leben rast nur so dahin. Wenn du nicht zwischendrin mal stehen bleibst und dich umschaust, könntest du es verpassen.« Ferris verkörpert gewissermaßen eine Achtzigerjahre-Version von Marc Aurels Spruch »Verweile bei der Schönheit des Lebens«. Er ist eine Mischung aus östlicher und westlicher Philosophie. Buddhistische Achtsamkeit verschmolzen mit amerikanischem Individualismus – obwohl er sicherlich kein Anhänger irgendeines -ismus wäre. »Der Mensch sollte an keinen -ismus glauben«, gibt sich Ferris überzeugt. »Er sollte an sich selbst glauben.« Dabei macht Ferris nicht nur um seiner selbst willen blau. Er tut es auch für seinen Freund. Und für uns. Ein Film ist dann besonders tröstlich, wenn er unsere Gefühle anspricht. So wie dieser. Er hilft uns zu leben.

Filme mit hohem Trostfaktor

Der weiße Hai. Weil er uns zeigt, dass wir uns erst unsere Ängste eingestehen müssen, bevor wir sie besiegen können.

Meet Me in St. Louis. Wegen der Songs. Wegen der Farben. Wegen Judy Garland, die *Have Yourself A Merry Little Christmas* singt. Weil uns der Film in den schönen und bittersüßen Trost einer anderen Zeit, eines anderen Ortes, einer anderen Familie, einer anderen Wirklichkeit entführt. Und weil ich ihn an einem Tag gesehen habe, an dem ich mich furchtbar gefühlt habe und er mich das Leben besser aushalten ließ.

Gesprengte Ketten. Weil er zeigt, dass du mit jeder Situation fertigwerden kannst.

Butch Cassidy und Sundance Kid. Weil er pure Nostalgie verströmt und uns daran erinnert, dass wir für alle Zeiten in einem Standbild leben können, sofern der Augenblick schön genug war (das gilt auch für das Ende von *Sie küssten und sie schlugen ihn* und *Breakfast Club).*

E.T. Weil du wieder zum Kind wirst, wenn du diesen Film siehst.

Ist das Leben nicht schön? Weil dir dieser Film klarmacht, dass dein Leben kostbarer ist, als du es bisher bemerkt hast.

The Peanut Butter Falcon. Weil er die erlösende Kraft der Freundschaft zeigt.

Monte Cristo (die Verfilmung aus dem Jahr 2002). Weil dieses verwegene Abenteuer die Definition von Eskapismus ist.

Pretty in Pink. Weil er den besten Pop-Soundtrack der Filmgeschichte hat.

Ray. Weil gut gemachte Biopics immer inspirierend wirken, ganz besonders allerdings, wenn es um Ray Charles geht.

Mein Nachbar Totoro. Weil Hayao Miyazakis Meisterwerk ein Film über die Kraft des Staunens und der Magie ist.

Mein Freund Harvey. Weil es James Stewart ist, der hier mit einem unsichtbaren Hasen spricht.

Vier irre Typen. Weil es ein extrem unterschätzter Film über das Radfahren ist. Ich habe ihn gesehen, als ich sehr niedergeschlagen war, und in dieser zarten Filmkomödie Trost gefunden.

Jeder Teil der *Mission Impossible*-Reihe. Weil es etwas Tröstliches hat, Tom Cruise dabei zuzusehen, wie er sein Leben aufs Spiel setzt, um den Newton'schen Gesetzen zu trotzen.

Meine Lieder – meine Träume. Weil er beweist, dass nicht einmal die finstersten Kräfte überhaupt Liebe und Musik und Freude unterdrücken können.

Leoparden küsst man nicht. Wegen Katherine Hepburn und Cary Grant und weil er einer der lustigsten Filme aller Zeiten ist, obwohl er 1938 in die Kinos kam.

Toy Story 2. Weil dies der beste und emotionalste und tröstlichste Pixar-Film ist, allein schon wegen Jessies Geschichte.

Stand by Me. Weil er die Jugend und die Freundschaft und das Leben feiert, obwohl es in dem Film darum geht, eine Leiche zu finden.

Mary Poppins. Weil er *Mary Poppins* ist.

Negative Fähigkeit

Der Dichter John Keats prägte den Begriff der negativen Fähigkeit. Er hatte dabei einen Menschen vor Augen, der »fähig ist, Ungewissheiten, Mysterien und Zweifel zu ertragen, ohne nervös nach Tatsache und Vernunft zu haschen«. Es geht also darum, dass man im Leben ein gewisses Maß an Verletzlichkeit hinnehmen muss.

Keats war der Meinung, Shakespeare habe dieses Prinzip perfekt verkörpert, weil er ein Werk geschaffen habe, dessen Schönheit unvollendet und uneindeutig war und auf unterschiedliche Weise ausgelegt werden konnte.

Obwohl Keats niemals Miles Davis hatte spielen hören, hätte er vielleicht diese negative Fähigkeit auch in dessen Spiel erkannt. »Spiele nicht, was da ist«, lautet Davis' berühmter Ausspruch. »Spiele das, was nicht da ist.«

Bei der negativen Fähigkeit geht es um den Raum *jenseits* des Bekannten. Erst dort können wir Schönheit finden.

»Bei einem bedeutenden Dichter«, schrieb Keats, der Zenhafteste der Romantiker, »steht der Sinn für Schönheit über jeder Überlegung, oder vielmehr verdrängt der Sinn für Schönheit jedwede Überlegung.«

Keats verwendete den Begriff der negativen Fähigkeit vor allem in Bezug auf die Kunst. Später übernahm ihn der Psychoanalyst Wilfred Bion und verlieh ihm einen psychologischen und existenziellen Anstrich. Für Bion ging es bei der negativen Fähigkeit darum, intuitiv zu denken, unbeeinflusst von Erinnerungen und Wünschen. »Schalte deine Erinnerungen aus«, bat er eindringlich. »Schalte das Zukunftsbezogene deines Wünschens aus. Vergiss [...], was du schon weißt und was du möchtest. Lass Raum für eine neue Idee.«

Eine neue Idee.

Das gefällt mir. Es ist wie *Satori,* die Erleuchtung im Zen-Buddhismus. *Satori* wird über die Suche in den Ungewissheiten unserer eigenen Natur erreicht. Dort ist die Freiheit zu Hause. In der Möglichkeit, auf neue Weise zu denken. Das gelingt leichter, wenn wir aufgeschlossen und nicht festgelegt bleiben und uns der Veränderlichkeit des Augenblicks bewusst sind.

Vielleicht leben wir nur, weil eine kosmische negative Fähigkeit das Universum aus der Leere heraus ins Sein gezaubert hat.

Man muss nicht alles wissen. Vielleicht ist es sogar besser und klüger, nicht alles zu wissen, oder zumindest zu vermeiden zu denken, dass man alles weiß. Erst dann kann man die gewohnten Bahnen des Denkens verlassen. Es liegt auf der Hand, dass man verletzlich bleiben muss, um einen Ort der völligen Offenheit zu betreten und vielleicht ein neues und tieferes Verständnis von Trost zu erfahren.

Ich erinnere mich immer wieder daran, wie ich einmal, es ist Jahre her, einem Trainingsvideo folgte. Der Trainer verharrte in einer Hockposition und brüllte, man solle sich im Unbequemen bequem einrichten. Zugegeben, es bedarf schon einer gewissen Vorstellungskraft, um eine Anweisung aus einer Trainingssession mit negativer Fähigkeit und Zen-Buddhismus gleichzusetzen, aber mir scheint, dass wir einen tieferen Trost erfahren, eine größere Harmonie mit unserem Selbst, wenn wir bereit sind, uns aus den sicheren und bekannten Mustern heraus in Richtung der unbewussten Schönheit des Lebens zu bewegen – in Keats' Sinne.

Wilfred Bion wiederum drückte es so aus: »Schönheit macht eine sehr schwierige Situation erträglich.«

Wir müssen nicht aus allem schlau werden. Wir können einfach Schönheit erleben.

Warum solltest du brechen, wenn du nachgeben kannst?

Du musst nicht mit allem klarkommen. Du musst dich nicht um alles kümmern. Du musst nicht alles unter Kontrolle haben, um den Tag durchzustehen.

Du kannst das Blatt nicht wenden. Du kannst dich der Schwerkraft nicht widersetzen. Du kannst nicht gegen die Wuchsrichtung von Holz streichen, ohne dir einen Splitter einzuziehen.

Aber du kannst damit aufhören, dich zu verstellen. Du kannst fühlen, was du fühlst. Du kannst es dir in dir selbst gemütlich machen.

Du kannst weinen. Du kannst fühlen. Du kannst zeigen, wer du bist.

Du kannst einfach du sein.

Wir haben mehr gemeinsam, als wir glauben

Heutzutage kann man problemlos alle Welt hassen. Wie schnell verzweifelt man, wenn man ins Internet geht oder die Nachrichten einschaltet. Es gibt genügend Gründe, sich zu ärgern. Das Geschäftsmodell gewisser Social-Media-Apps basiert sogar darauf, dass wir ständig wütend und frustriert sind.

Es ist leicht, so vollständig von einer einzigen Sichtweise umgeben zu sein, dass beinahe jeder, der eine andere Sichtweise hat, fremd wird.

Aber.

Es gibt mehr als ein Objektiv, durch das wir auf die Welt blicken können. Wir sollten Ansichten und Meinungen nicht isoliert betrachten, sondern die dahinterstehenden Gefühle miteinbeziehen. Denn dann kommen unsere Gemeinsamkeiten zum Vorschein: die Hoffnungen, die Ängste, die Leidenschaften, die Unsicherheiten, die Sehnsüchte, die Zweifel, die Träume.

Und da ist noch eine Sache, die wir gemeinsam haben: Die anderen können falschliegen, aber wir können ebenfalls falschliegen.

Wir haben die Fähigkeit, etwas zu vermasseln. Und die Fähigkeit, zu verzeihen.

Verzeihen

Anderen Menschen zu verzeihen ist eine großartige Übung dafür, dir selbst zu verzeihen, wenn es an der Zeit ist.

Eine Anmerkung zur Introvertiertheit

Introvertiertheit lässt sich nicht durch Extrovertiertheit beheben. Du behebst sie allein dadurch, indem du begreifst, dass da nichts zu beheben ist. Lass zu, dass Introvertiertheit existiert. Lasse innere Reisen genauso zu wie äußere.

Pause zu machen ist Tun

Du musst nicht andauernd beschäftigt sein. Du musst dein Dasein nicht durch Leistungsfähigkeit rechtfertigen. Pause zu machen ist ein unverzichtbarer Bestandteil des Überlebens. Ein unverzichtbarer Bestandteil von uns Lebewesen. Wenn ein Hund in der Sonne liegt, stelle ich mir vor, dass er das tut, ohne sich schuldig zu fühlen, weil Hunde, soweit ich es beurteilen kann, mehr in Einklang mit ihren eigenen Bedürfnissen sind als wir. Je älter ich werde, desto mehr gelange ich zu der Überzeugung, dass Pause zu machen die Hauptsache im Leben ist. Untätig herumzusitzen, drinnen oder draußen, und bloß wahrzunehmen – das Ticken einer Uhr, eine vorüberziehende Wolke, entferntes Verkehrsrauschen, Vogelgezwitscher –, kann sich wie ein Selbstzweck anfühlen. Tatsächlich kann es sich nicht nur so anfühlen, sondern auch bedeutsamer *sein* als eine Menge von dem Zeugs, das produktiv zu finden man uns anerzogen hat. So wie die Pausen zwischen den Noten nötig sind, damit die Musik gut klingt, und die Zeichensetzung, damit Sätze schlüssig sind, so sollten wir das Pausemachen und das Nachdenken und die Untätigkeit – sogar das Sitzen auf dem Sofa – als einen wesentlichen und notwendigen Teil des Lebens betrachten, der nötig ist, damit das Ganze einen Sinn ergibt.

Geheimnis

Denk an all die Kunstwerke, die die Zeiten überdauert haben, von der *Mona Lisa* bis hin zu George Eliots Roman *Middlemarch*. Sie alle tragen ein unlösbares Geheimnis in sich. Etwas, über das Kritiker noch Jahrhunderte später leidenschaftlich diskutieren können, ohne endgültige Gewissheit zu erlangen. Vielleicht verhält es sich mit der Lebenskunst so ähnlich. Vielleicht besteht der Sinn im Geheimnis selbst. Vielleicht sollen wir gar nicht alles über unser Leben wissen. Und vielleicht ist das auch völlig okay.

Der Trost der Ungewissheit

Ungewissheit nährt unsere Angst. Ungewissheit und Angst sind untrennbar miteinander verbunden. Je größer unsere Angst ist, desto schwerer fällt es uns, Ungewissheit zu ertragen. Wir können Listen schreiben und möglichst alles selbst erledigen. Wir können andauernd nach Bestätigung suchen. Wir können prüfen, ob wir die Tür abgeschlossen haben, oder wiederholt jemanden anrufen, um uns zu vergewissern, dass es ihr oder ihm gut geht. Vielleicht ertappen wir uns dabei, dass wir die Kontrolle an uns reißen und nicht bereit sind, anderen zu vertrauen. Vielleicht möchten wir uns aus einer Welt voller Angst zurückziehen und lieber drinnen bleiben und Zeit schinden. Oder wir möchten allem entfliehen und uns in Ablenkungen stürzen. Vielleicht möchten wir jede Sekunde unseres Tages mit Geschäftigkeit füllen, mit Arbeit, mit Vergnügen, mit unseren anderen Abhängigkeiten.

Das ursprüngliche Problem werden wir auf diese Weise natürlich nicht anpacken. Die Ungewissheit bleibt. Um sie auszuhalten, können wir sie letztlich nur akzeptieren. Weil wir ihr nicht entrinnen können. Wie sorgfältig wir auch immer unsere Tage planen, die Ungewissheit bleibt. Mit dieser unumstößlichen Tatsache müssen wir irgendwie umgehen.

Eine Möglichkeit ist, den Nutzen der Ungewissheit zu erkennen. Weit entfernt davon, ein Fluch zu sein, kann die Ungewissheit ein Quell der Hoffnung sein. Natürlich bedeutet Ungewissheit, dass die Dinge, auf die wir uns freuen, vielleicht nicht so gut sind, wie wir es uns wünschen, aber sie bedeutet auch, dass die Dinge, vor denen wir uns fürchten, nicht so schlimm sind wie in unserer Vorstellung.

Wie oft hast du schon jemanden sagen hören, dass etwas sich im Nachhinein als Segen herausgestellt hat? Wie oft haben wir schon von jemandem gehört, der vom Unglück heimgesucht wurde – sei es von einer Krankheit, Arbeitslosigkeit, Zahlungsunfähigkeit oder etwas anderem – und letztlich dankbar dafür war, wenn nicht für alles, so doch zumindest für gewisse Aspekte?

In den Momenten meines Lebens, in denen der Schmerz am größten war, habe ich am meisten über mich selbst gelernt. So wie einiges, auf das wir uns freuen, dann gar nicht so toll ist wie gedacht – wie etwa ein misslungener Urlaub, ein neuer Job, der auf dem Papier gut ausgesehen hatte und zum Albtraum wurde, eine Ehe, die den Bach runtergeht –, so kann auch manch schlimmes Ereignis lehrreich sein oder eine gute Seite haben oder vielversprechende Perspektiven eröffnen oder Anlass bieten, für etwas dankbar zu sein.

Während wir also Ungewissheit von Natur aus als etwas Unerwünschtes betrachten, weil sich ja etwas Schlimmes ereignen könnte, so ist sie doch zugleich unser Schutz dagegen. Denn in jedem Leben ereignet sich irgendwann einmal etwas Schlimmes. Und genau die Ungewissheit, welche Bedeutung dieses Schlimme für uns haben wird, wohin es uns letztlich führen und was es uns aufzeigen wird, macht es uns möglich, auf eine beständigere und widerstandsfähigere Weise zu hoffen. Diese Hoffnung ist nicht auf den Wunsch ausgerichtet, dass bloß nichts Schlimmes geschehen möge – manchmal geschieht es einfach –, sondern lässt uns vielmehr erkennen, dass ein schlimmes Ereignis niemals die ganze Geschichte ist. Der Ausgang ist genauso ungewiss wie alles andere.

Kurz und gut, wir werden niemals etwas sicher wissen. Gewiss ist nur die Ungewissheit. Und wenn wir dauerhaft Trost finden wollen, dann finden wir ihn nur dort. Es gibt ihn. Weil alles ungewiss ist, ist auch nie etwas abgeschlossen. Wir können in der Hoffnung leben, im Unendlichen, in der unbeantworteten und offenen Frage des Lebens selbst.

Das Portal

Jeder von uns verfügt über die Macht, in eine neue Welt einzutreten. Dafür brauchen wir nur einen Sinneswandel.

Nichts ist abgeschlossen

Geschichten mögen wir unter anderem, weil wir Struktur mögen.

Wir mögen einen Anfang, einen Mittelteil und einen Schluss. Ein gutes Ende mögen wir besonders. Hing dein Gesamturteil nicht schon häufig davon ab, wie ein Buch oder Film ausgegangen ist? Ein missglücktes Ende macht uns oft den ganzen Film kaputt.

Der Regisseur Jean-Luc Godard hat einmal gesagt, dass eine Geschichte einen Anfang, einen Mittelteil und einen Schluss haben sollte, wenn auch nicht zwangsläufig in dieser Reihenfolge. Ich habe ihn immer wieder gern zitiert und war der gleichen Meinung, bis ich einen Zusammenbruch erlitt und mich nach dem Trost klassischer Erzählmuster sehnte. Dem Trost von Anfang, Mittelteil und Ende in genau dieser Reihenfolge. Und ich mochte einen Schluss, der alles schön zusammenführte, mit einem großen Erzählbogen.

Ich sehnte mich nach einer *Lösung*. Das Leben bietet natürlich keine Lösung. Nicht einmal der Tod ist eine Lösung. Selbst wenn wir nicht an ein Leben nach dem Tod glauben, müssen wir einräumen, dass das Leben weitergeht, auch wenn wir nicht wissen, auf welche Weise, und auch nicht, wie wir in Erinnerung bleiben (oder auch nicht).

Im Leben gibt es nur offene Enden. Und das ist kein Fluch. Es ist etwas Gutes. Die buddhistische Denkerin Pema Chödrön drückte es so aus: »Wir leiden unter Lösungen.« Diese Vorstellung finde ich ausgesprochen befreiend. Zuzugeben, dass in einem Universum, in dem alles offen ist, kein Schlusspunkt gesetzt werden kann.

Die erträgliche Richtigkeit des Seins

Sein > tun

Rückbindung

Meine Angst erscheint mir symptomatisch für unser modernes Leben. Vor Jahren, auf ihrem Höhepunkt, fiel mir auf, dass ich sie immer dann am intensivsten spürte, wenn ich etwas tat, was unseren Höhlenmenschen-Vorfahren völlig fremd gewesen wäre. Ich spürte sie zum Beispiel, wenn ich durch ein überfülltes Shopping-Center spazierte. Laute Technomusik hörte. Im Kunstlicht eines Supermarkts unterwegs war. Zu lange vor dem Bildschirm saß. Eine Tüte Tortilla-Chips um ein Uhr nachts vertilgte. Auch nicht gut: stressige E-Mails, Innenstädte, gerammelt volle Züge, Querelen im Internet, kurz: die mentale Überlastung eines modernen Menschen.

Wenn ich fix und fertig bin, trösten und beruhigen mich nicht zufällig Dinge, die mich mit meinem natürlichen Selbst rückbinden, wie zum Beispiel kurz nach Einbruch der Dunkelheit ins Bett zu gehen, anstatt elf Episoden einer Serie hintereinander zu gucken. Oder mit unserem Hund im Grünen unterwegs zu sein. Oder richtiges Essen mit richtigen Zutaten zu kochen. Oder Zeit mit lieben Menschen zu verbringen. Oder vom Sofa aufzustehen, um mich zu bewegen. Oder Kräuter zu pflanzen. Oder im Meer zu schwimmen. Oder in den Himmel zu starren. Oder draußen zu joggen statt auf dem Laufband.

Natürlich weiß ich die vergnüglichen Zerstreuungen des modernen Lebens zu schätzen. Ich mag es, dass es in unserer Welt Podcasts gibt und Filme und Video-Calls. Aber wenn ich mich in einem Zustand äußerster Verunsicherung befinde, ohne Schutzpanzer, komme ich da am schnellsten wieder heraus, wenn ich auf Zeitlosigkeit setze. Auf den ursprünglichen Weg. Den, der uns wieder mit unserer natürlichen Welt und unserem natürlichen Selbst verbindet.

Eine Anmerkung zur Freude

»Bring mich ins Zentrum von allem«, soll Madonna auf ihrer ersten Reise nach New York zu ihrem Taxifahrer gesagt haben. In den Jahren vor meinem Zusammenbruch habe ich es genauso gemacht. Ich hatte Probleme damit, einfach nur zu *sein*. Ich wollte immer irgendwo anders sein, näher an der Action. Also flüchtete ich mich in den Alkohol. In Drogen. In Raves. Ich brauchte den lautesten Lärm, das schärfste Essen, die brutalsten Filme, das Extremste von allem. Für mich waren das drei Sommer auf Ibiza, in denen ich im größten Klub Europas arbeitete, im Zentrum des Lärms und der Menschen und der Reizüberflutung. Dass die Partynächte unter der Bezeichnung »Manumission« liefen, was »Freiheit von der Sklaverei« bedeutet, brachte für mich die Sache auf den Punkt. Mehr Dröhnung und Ablenkung konnte das Leben kaum bieten – mittendrin zu sein, bedeutete frei zu sein.

Ich war damals sehr unsicher und hatte ein geringes Selbstwertgefühl. Wenn ich im Winter wieder zurück in London war, machte ich mich auf Jobsuche. Hatte ich dann einen ergattert, kreisten meine Gedanken darum, dass man mich durchschauen würde, und zwar so krass, dass ich nicht in der Lage war, das Gebäude zu betreten. Ich fühlte mich wie eine Fata Morgana auf zwei Beinen. Hinter der Fassade herrschte gähnende Leere. Anstatt mich aber der Leere zu stellen, versuchte ich, ihr zu entfliehen.

Da war nur ein Problem: Man kann nicht vor sich selbst davonlaufen. Wo immer du auch hingehst, du bist schon da. Sogar um sechs Uhr früh auf einer Tanzfläche.

Vor sich selbst davonzurennen ist wie zu versuchen, von einem Laternenpfahl wegzurennen, an den du mit einem Gummiseil festgebunden bist. Früher oder später wirst du zurückschnellen und dir eine mächtige Beule zuziehen.

Oder, wie in meinem Fall, einen völligen Zusammenbruch. Einen bunten Strauß aus Unheil. Panikstörung, Depression, Zwangsstörung, Platzangst. Dazu die Überzeugung, dass ich das alles nicht würde aushalten können. Worin natürlich eine gewisse Ironie liegt. Mein verzweifelter Wunsch, Schmerz und Unbehagen auszuweichen, hatte mir den schlimmsten Schmerz und das größte Unbehagen meines Lebens beschert. Ich war darin gefangen. Über Tage, Monate, Jahre.

Um da wieder herauszukommen, musste ich schließlich irgendwie den Schmerz akzeptieren.

Das klingt vielleicht seltsam in einem Buch, das im Titel das Wort *comfort,* also Trost, trägt, aber Schmerz ist Teil des Lebens. Teil allen Lebens. Also ist es auch Teil des Guten. »Inspiration und Jammer ergänzen einander« – so hat es Pema Chödrön formuliert. Aber was ist gut am Leiden? Was kann das *Tröstliche* am Leiden sein? Ist Leiden nicht gerade das Gegenteil von Trost?

Irgendwann musst du deine Wirklichkeit akzeptieren. Sogar wenn diese Wirklichkeit unter anderem aus Depression und Angst und Schmerz besteht. Und wenn du sie akzeptierst, dann akzeptierst du auch anderes. Echtes Vergnügen.

Die Freude, die darin liegt, du selbst zu sein, anstatt vor dir davonzulaufen. Jemandem in die Augen schauen zu können, von Mensch zu Mensch, ohne dich zu schämen oder gebrandmarkt zu fühlen. Anzuerkennen, dass das Leben Freude mit Schmerz verbindet und Schmerz mit Freude, und das im selben Atemzug.

Ich musste gar nicht rausgehen und nach dem Leben greifen. Ich *war* das Leben.

Eine kreiselnde Münze

Ungewissheit verursacht Angst, kann aber auch eine Lösung bieten. Wenn alles ungewiss ist, dann liegt auch in allem Hoffnung. Alles ist mehrdeutig. Alles ist möglich. Unser Leben ist wie eine kreiselnde Münze. Wir können nicht vorhersagen, auf welcher Seite sie landen wird, aber wir können uns an ihrem Glanz erfreuen, solange sie kreiselt.

Du bist am Leben

Du kannst selbstsicher klingen und trotzdem Angst haben. Du kannst gesund aussehen und dich trotzdem grässlich fühlen. Du kannst frei vor einer Gruppe sprechen und trotzdem ein Nervenbündel sein. Du kannst in äußerlich privilegierten Verhältnissen leben und dabei psychisch alles andere als privilegiert sein. Du kannst Hanteln heben und trotzdem schwach sein. Du kannst alles haben und trotzdem nichts fühlen. Du kannst alle Leinen losgemacht haben und dich trotzdem ans Ufer wünschen.

Du bist weit mehr als deine Oberfläche. Du bist weit mehr als deine Identität. Du bist kein Wert, der auf den Aktienmärkten der öffentlichen Meinung steigt oder fällt. Du bist Teil von etwas Größerem. Du bist Teil des Lebens. Du bist Teil *allen* Lebens. Du bist genauso sehr Ausdruck des Lebens, wie es ein Delphin oder ein Löwe ist. Du bist so sehr Teil des Ganzen, wie du ein Individuum bist. Wenn sich dein Individualismus auf Kosten deiner Verbindung zum Ganzen äußert, kannst du ins Stolpern geraten, aber du hast immer die Möglichkeit der Rückbindung. Weil man sich über das Leben wieder mit dem Leben verbindet. Und du bist am Leben.

Eins

Zahlen können süchtig machen, weil wir mit ihrer Hilfe messen und vergleichen und beziffern können. Dabei erzeugen sie in uns das Gefühl, dass es immer *mehr* sein könnte. Zahlen – und damit Vergleiche – lauern überall. Follower in den sozialen Medien. Körpermaße. Einkommensklassen. Alter. Gewicht. Online-Rankings. Klickzahlen. Umsatzzahlen. Likes. Aktien. Die Anzahl der gelaufenen Schritte. Der geschlafenen Stunden. Der getippten Wörter. Testergebnisse. Hauspreise. Haushaltspläne. Börsennotierungen. Zahlen über Zahlen. Und es werden immer mehr. Sie bringen uns dazu, Vergleiche anzustellen. Wir vergleichen uns mit anderen, und wir vergleichen uns mit uns selbst. Das muss an und für sich gar nicht negativ sein. Wir möchten vielleicht nur das Beste für andere Menschen. Für unsere Freunde und für unsere Familie. Aber allzu oft sind daran Zahlen beteiligt. Ich glaube, Zahlen rücken uns zu sehr auf die Pelle. Jeder Wert wird in Zahlen ausgedrückt. Dadurch werden wir endlich und messbar, unser Wert schwankt. Wir verlieren unser Gespür für die Unendlichkeit. Für das Leben als solches. Wo Zahlen sind, da wird auch gemessen. Und das schränkt uns ein. Weil Messungen uns aus dem Unendlichen ins Endliche bringen. Schließlich kann nur Endliches gemessen werden.

Eins (zwei)

Wenn du dich als Teil eines größeren Ganzen fühlst, wenn du dich in anderen Menschen und in der Natur wiederfindest, wenn dieses Ich zu etwas Größerem wird als das individuelle Ich, dann wirst du die Welt mit deinem Tod nicht vollends verlassen. Du wirst so lange existieren wie das Leben. Weil das Leben, das du in dir spürst, Teil derselben Lebenskraft ist, die jedes Lebewesen durchströmt.

Macht

Der mächtigste Moment im Leben ist der, in dem du beschließt, keine Angst mehr zu haben.

Wachstumsschmerzen

Wenn alles gut läuft, wachsen wir normalerweise nicht. Weil Wachstum Veränderung braucht. Weil Wachstum Veränderung *ist*. Wir entwickeln uns im Allgemeinen dann weiter, wenn wir schwierige Zeiten durchleben. Häufig müssen wir erst scheitern, um etwas zu lernen, ähnlich wie ein Bodybuilder, der beim Krafttraining Gewichte braucht, denen er Widerstand leisten kann. Es ist unmöglich, in einer Welt zu wachsen, in der es keine Anstrengung gibt.

Leid war der beste Lehrmeister, er hat mich
gelehrt zu verstehen, was dein Herz einst war.
Mein Geist wurde gebogen und gebrochen,
aber – so hoffe ich – in eine bessere Gestalt.

Charles Dickens
Große Erwartungen

Wie man einem Dämon ins Auge blickt

Unangenehmen Gefühlen aus dem Weg zu gehen, ist oft unser erster Impuls. Wenn wir traurig sind oder ängstlich, nehmen wir sie als ein Problem wahr, das schleunigst gelöst oder ausgeblendet werden muss. Ich erinnere mich gut daran, wie es war, als ich in meiner ersten schweren Depression steckte: Ich fühlte mich nicht nur deprimiert. Ich fühlte mich deprimiert, weil ich mich deprimiert fühlte. War verängstigt, weil ich Angst hatte. Und so bleibt es nicht aus, dass sich negative Gefühle vervielfachen.

Der Schlüssel zur Genesung liegt in der Akzeptanz. Das war das Paradox. Um der Depression zu entkommen, musste ich sie erst einmal akzeptieren. Um die Panikattacken abzustellen, musste ich sie geradezu heraufbeschwören. Wenn ich diese plötzlich erhöhte Aufmerksamkeit spürte, die symptomatisch ist für Panik, musste ich mir selbst sagen: Ich möchte das jetzt erleben. Diese Strategie musst du nicht unbedingt nachahmen. Ich will damit auch keinesfalls das Grauen einer ausgewachsenen Panikattacke kleinreden. Ich weiß so gut wie jeder andere, in welchen Schrecken es einen versetzt, im eigenen Verstand gefangen zu sein, wenn dieser sich im freien Fall befindet. Aber nach gut hundert solcher Panikattacken dämmerte mir etwas. Sie waren selbstreferenziell. Sie befeuerten sich selbst. Ich meine damit: Die Panik verstärkte sich, weil ich wegen der Panik in Panik geriet. Sie ist wie eine Lawine, die sich selbst ausgelöst hat. Angesichts der Panik erstarrte ich. Aber sobald ich mich aus meiner Erstarrung herausholte und in einen Zustand der Akzeptanz hineinschmolz, verlor die Paniklawine schließlich ihren eiskalten Schrecken und wurde nicht mehr größer. Schließlich glitt die Lawine einfach durch mich hindurch. Mein Verstand beobachtete die Panik mehr, als dass er sie bekämpfte. Eine völlig andere Art des Gefechts.

Wenn die Situation es erlaubte, habe ich mich auch mal einfach auf den Boden gelegt, meine Augen geschlossen und mich ganz darauf konzentriert, anstatt zu versuchen, die Panik zu ignorieren oder ihr davonzulaufen. Wenn du erst einmal die Angst analysierst, wirst du als Erstes feststellen, dass sie ganz selbstverständlich zu uns Menschen gehört. Und als Nächstes, dass sie die Schwester der Hoffnung ist. Weil beide aus dem ungewissen Stoff des Lebens geboren wurden.

Das tibetische Wort *re-dok* setzt sich aus den Wörtern *rewa* (Hoffnung) und *dokpa* (Angst) zusammen, in Anerkennung der Tatsache, dass beide Gefühle nebeneinander bestehen und im Grunde denselben Ursprung haben: die Ungewissheit. Wenn wir unsere finstersten Ängste analysieren, anstatt ihnen aus dem Weg zu gehen, finden wir heraus, dass entgegen unserer Annahme selbst unsere größten Dämonen nicht unbesiegbar sind. Häufig verhält es sich so: Wenn wir sie intensiv genug anstarren, lösen sie sich vor unseren Augen auf.

Denk dran

Es werden andere Tage kommen.
Und andere Gefühle.

Gegensätze

Was würde »groß« bedeuten, wenn es kein »klein« gäbe? Gegensätze brauchen einander, um existieren zu können. Im Taoismus sind die beiden einander entgegengesetzten Kräfte Yin und Yang Gegensätze, die sich zugleich ergänzen. Der Tag braucht die Nacht und umgekehrt. Die Schatten in einem Gemälde von Tintoretto bringen das Licht zur Geltung. Das Schweigen, das über Maya Angelous Kindheit lag, führte zu ihrem Entschluss, ihre Stimme zu erheben.

In dieser Welt der gegenseitigen Abhängigkeiten sind auch gegensätzliche Gefühle miteinander verbunden. Um mit William Blake zu sprechen: »Freud und Leid sind fein verwoben.«

Das kenne ich auch. Einer der Gründe, warum ich das Leben liebe, ist der, dass ich mir einmal das Leben nehmen wollte.

Ehrlich wahr: Ich habe mehr Augenblicke der Zufriedenheit in meinem Leben erlebt, weil ich jahrelang durch die Hölle gegangen bin. Inzwischen bemühe ich mich, mich nicht nur ausschließlich als das eine oder das andere zu betrachten. Ich bin nicht entweder fröhlich oder traurig. Ich bin nicht entweder gelassen oder ängstlich. Ich bin fröhlich und traurig und gelassen und ängstlich. Ich lasse zu, alles zu spüren, und auf diese Weise bin ich immer offen für neue Gefühle. Es gibt keine Blockaden. Kein Gefühl wird zum einzigen Gefühl, wenn du dir alle geschehen lässt. Dafür muss man den Wert jedes einzelnen Gefühls erkennen. Erkennen, dass der Weg durch die Nacht zum Licht führen kann. Und dass aus dem Schmerz Hoffnung erwachsen kann.

Liebe/Verzweiflung

Albert Camus hat einmal gesagt: »Es gibt keine Liebe zum Leben ohne Verzweiflung am Leben.« Als ich zum ersten Mal auf dieses Zitat stieß, dachte ich, es sei nichtssagend und hochtrabend und mehr als nur ein wenig freudlos. Doch mit den Jahren haben die Worte für mich an Wahrheitsgehalt gewonnen. Meine Liebe zum Leben lässt sich fast unmittelbar auf Verzweiflung zurückführen. In dem Sinn, dass ich dankbar bin für bessere Zeiten, weil ich schreckliche Zeiten erlebt habe. Aber auch in einem tieferen Sinn: Vergnügen und Verzweiflung sind in demselben Ganzen enthalten, und wenn wir nach und nach die Verbindungen zwischen allen Dingen erkennen, wenn wir erkennen, dass jedes Ding auch sein Gegenstück enthält, wenn wir erkennen, wie alles miteinander in Verbindung steht, dann können wir uns selbst an einem Tiefpunkt gestärkt fühlen.

Möglichkeit

Der von der Existenzphilosophie geprägte Psychologe Rollo May war der Ansicht, dass wir Gegensätze häufig verkennen. »Nicht Hass ist das Gegenteil von Liebe«, sagte er. »Es ist die Gleichgültigkeit.« Er wies auch darauf hin, dass Mut und Angst keine Gegensätze sind, sondern dass Angst ein wichtiger Bestandteil von Wagemut ist und dass die wahrhaft Mutigen jene sind, die Angst erleben und sie hinter sich lassen. Am aufschlussreichsten ist allerdings seine Darlegung, dass Freude und Verzweiflung miteinander vereinbar sind.

»Freude entsteht, wenn man Möglichkeit erfährt«, schrieb er, »das Bewusstsein der eigenen Freiheit, wenn man seinem Schicksal ins Auge blickt. In diesem Sinne kann Verzweiflung [...] zu Freude führen. Nach der Verzweiflung gibt es nur noch Möglichkeit.«

Die Tür

Alles vor uns Liegende wird bestimmt von der Möglichkeit. Wir sind niemals in der Zukunft. Wir stehen immer vor der Tür. Unsere Hand liegt auf dem Türknauf. Wir drehen den Knauf. Niemals jedoch wissen wir, was sich hinter der Tür befindet. Der Raum kann dem ähneln, in dem wir uns gerade aufhalten, aber es kann auch ein Raum sein, der uns völlig unbekannt ist. Vielleicht ist es auch gar kein Raum. Es könnte ein Obstgarten sein, dessen Bäume die reifen Früchte unserer Mühen tragen. Es könnte Ödland sein. Sicher wissen wir es nicht. Und selbst wenn wir irgendwo landen, wo wir gar nicht sein wollen, können wir dankbar sein für das Wissen, dass es eine andere Tür gibt. Und einen anderen wunderschönen Knauf, der nur darauf wartet, gedreht zu werden.

Das vertrackte Wunder unseres Hierseins

Das westliche Konzept der Selbstoptimierung fordert von dir, besser zu werden, deinen inneren Milliardär zu entdecken, eine Bikinifigur zu bekommen, zu arbeiten, dich zu verbessern. Es besagt, dass die Gegenwart nicht genug ist. Das ist Selbsthass, getarnt als Erlösung.

Was wir brauchen, ist Selbstakzeptanz. Mitgefühl mit uns selbst. Unserem Körper und Verstand und Leben müssen wir nicht entfliehen. Wir müssen uns bloß auf das vertrackte Wunder unseres Hierseins besinnen.

Akzeptanz

Eines schönen Tages wirst du aufhören müssen mit dem Versuch, vor dir selbst davonzulaufen oder dich zu verbessern, und dich selbst anerkennen.

Das grundlegende Jetzt

Im Buddhismus gibt es den Begriff *mettā* oder *maitrī,* den man mit Wohlwollen oder »liebevolle Güte« übersetzen kann. Bei *mettā* geht es darum, dich so anzunehmen, wie du bist. Du sollst dich nicht ändern, sondern vielmehr dich selbst und alles um dich herum als *Wandel* begreifen.

In ihrem Buch *Wenn alles zusammenbricht* erläutert Pema Chödrön, was das Entscheidende an *mettā* ist: Man strebe nicht danach, ein besserer Mensch zu werden. Es gehe darum, »jede Kontrolle aufzugeben und Konzepte und Vorstellungen abfallen zu lassen. Es beginnt mit der Erkenntnis, dass alles, was geschieht, weder Anfang noch Ende hat.« Dann kannst du erkennen, dass jedes deiner Gefühle innerhalb der Bandbreite menschlicher Empfindungen liegt und seit Menschengedenken von Menschen empfunden wurde. »Gedanken, Emotionen, Stimmungen und Erinnerungen kommen und gehen, wobei das grundlegende Jetzt ständig da ist.«

Mettā geht allerdings über das Selbst-Mitgefühl hinaus. In einer *mettā*-Meditation lässt man erst sich selbst Mitgefühl zuteilwerden, dann Familie und Freunden und dann allen Lebewesen. Selbst den schwierigen, die uns auf die Nerven gehen oder verärgern. Dies geschieht oft über ein Mantra, das sich erst auf den Meditierenden selbst konzentriert und dann auf alle fühlenden Wesen, es breitet sich in größer werdenden konzentrischen Kreisen aus Mitgefühl aus, als hätte man einen Stein ins Wasser geworfen.

Möge ich sicher sein und glücklich leben … Möge sie sicher sein und glücklich leben … Mögen sie sicher sein und glücklich leben … Mögen alle Lebewesen sicher sein und glücklich leben.

Das ist wunderschön. Der Grundgedanke dahinter ist, allem Mitgefühl zuteilwerden zu lassen, was uns dabei hilft, uns mit der Einheit des Lebens zu verbinden. Wir spüren das Leiden der Welt, aber erfahren auch die Freude am Leben und der Natur. Durch Mitgefühl werden wir Teil des Ganzen. Im übertragenen Sinne werden wir zu Feuer, Erde, Luft und Wasser. Wir werden, was wir immer schon waren. Das Leben selbst.

Sei ein Ozean

Du bist nicht gescheitert
In einem Moment der Traurigkeit.
Du hast nicht verloren
In einem Moment der Niederlage.

Du bist keine Statue,
Erstarrt im ewigen Kontrapost.
Du bist in Bewegung:
Auflaufend Wasser, eine Welle, die bricht.

Deine weiten Tiefen sind Zeugen
Jedes einzelnen Wunders.
Und so bist auch du
Einfach wunderbar. Also:

Kämpfe nicht gegen den Mond.
Lass alle Gezeiten zu.
Und führe deine leck geschlagenen Schiffe
In eine sichere Bucht.

Mehr

In schwierigen Zeiten können wir aufnahmebereiter für die Schönheit des Lebens sein als sonst. Und was wir in den schlechten Tagen lernen, nützt uns in guten Tagen. So wie uns auch die Aussicht darauf, dass wieder bessere Zeiten kommen, durch die schlechten Zeiten hilft.

Alles Leben steckt in uns, alles ist miteinander verbunden. Angst mit Gelassenheit, Hoffnung mit Hoffnungslosigkeit, Verzweiflung mit Trost. Ein Sandkorn kann uns von einem ganzen Universum erzählen. Und ein einziger Moment kann uns etwas über jeden anderen Moment lehren. Wir sind niemals nur eines.

So wie unsere Vorfahren die Welt als ein Gemisch aus Erde, Feuer, Wasser und Luft wahrgenommen haben, so können wir in jedem Moment, in jedem Individuum, eine Verbindung zu allen anderen Elementen dieser Existenz sehen.

Es ist immer möglich, *mehr* zu sein. Größer zu sein als die aktuelle Krise oder Besorgnis. Etwas Neues über die Landschaft unseres Verstandes herauszufinden, nicht indem wir etwas hinzufügen, sondern begreifen, dass alles längst schon da ist. So wie die Seite eines Buches da ist, auch wenn wir sie noch nicht gelesen haben.

Es steckt immer mehr in uns, als uns bewusst ist.

Mehr Stärke, mehr Herzlichkeit, mehr Mitgefühl, mehr Widerstandskraft.

Keine Frage, die Welt kann uns überraschen, aber wir können uns auch selbst überraschen.

Ende

Nichts endet wirklich.

Es verändert sich.

Wandel ist ewig. Wenn du im Wandel bist, bist auch du ewig. Du bist hier. In diesem vorüberziehenden Augenblick. Und da du hier bist, bist du auch für immer.

Feuer wird zu Asche, Asche zu Erde. Traurigkeit wird zu Freude, manchmal während du noch weinst. Vögel mausern sich, dann wachsen ihnen neue Federn für den Winter.

Liebe wird zu Kummer. Kummer wird zu Erinnerung. Aus Wunden werden Narben.

Tun wird zu Sein. Schmerz wird zu Stärke. Der Mittag wird zur Nacht.

Regen verdunstet und wird zu neuem Regen. Hoffnung wird zu Verzweiflung und wieder zu Hoffnung.

Eine Birne reift, fällt vom Baum, verwandelt sich, während sie gegessen wird.

Eine Raupe verschwindet in ihrem seidigen Kokon. Dann wird es dunkel und dann …

Danksagung

Ich danke meiner Agentin Clare Conville und allen bei C+W. Außerdem danke ich meinem Verleger Francis Bickmore und allen bei Canongate: Jamie Byng, Jenny Fry, Lucy Zhou, Alice Shortland, Vicki Watson, Vicki Rutherford, Leila Cruickshank, Megan Reid, Caroline Gorham, Rebecca Bonallie, Jessica Neale, Caroline Clarke, Bethany Ferguson, Rafi Romaya, Jo Lord, Katalina Watt, Steph Scott und Drew Hunt.

Ein riesengroßes Dankeschön geht an alle Buchhändler*innen, die mich im Laufe der Jahre unterstützt haben, ebenso an alle Menschen, die sich in den sozialen Medien tummeln und mein Online-Geschwafel kommentiert haben, und natürlich an alle Leser*innen, die mir treu geblieben sind, während ich zwischen den Genres hin- und hergesprungen bin.

Schließlich danke ich meiner wundervollen Familie, mit der ich mein Leben teile: Andrea Semple, Pearl Haig, Lucas Haig und unserer Hündin Betsy.

Quellenverzeichnis

Maya Angelou: *Ich weiß, warum der gefangene Vogel singt.* Aus dem Englischen von Harry Oberländer. © Copyright 1969 by Maya Angelou. © der deutschen Ausgabe Suhrkamp Verlag Berlin 2018

Juliane Koepcke: *Als ich vom Himmel fiel.* © 2011 Malik Verlag in der Piper Verlag GmbH, München

BRUCE LEE® and the Bruce Lee signature are registered trademarks of Bruce Lee Enterprises, LLC. The Bruce Lee name, image, likeness and all related indicia are intellectual property of Bruce Lee Enterprises, LLC. All Rights Reserved. www.brucelee.com

Steven Callahan: »Experience: I was adrift on a raft in the Atlantic for 76 days«. In: *The Guardian*, 23.03.2012. Courtesy of Guardian News & Media Ltd.

Alan Watts: *The Wisdom of Insecurity.* New York: Penguin Random House LLC, 2011 © 1989, Laura Esquivel. © der deutschen Ausgabe Insel Verlag Frankfurt am Main und Leipzig 1992

»Everyone comes into the world with a job to do«, aus CONFLICT RESOLUTION FOR HOLY BEINGS: POEMS von Joy Harjo. Copyright © 2015 by Joy Harjo. Abgedruckt mit freundlicher Genehmigung von W. W. Norton & Company, Inc.

Auszug aus dem »Eagle Poem« aus *In Mad Love and War* © 1990 by Joy Harjo. Herausgegeben von Wesleyan University Press und abgedruckt mit freundlicher Genehmigung.

Zitat von Eleanor Roosevelt (»No one can make you feel inferior without your consent«). Abgedruckt mit freundlicher Genehmigung des Nachlasses von Eleanor Roosevelt.